Ludwig Büchner

Darwinismus und Sozialismus

oder Der Kampf um das Dasein und die moderne Gesellschaft

Ludwig Büchner

Darwinismus und Sozialismus
oder Der Kampf um das Dasein und die moderne Gesellschaft

ISBN/EAN: 9783743415171

Hergestellt in Europa, USA, Kanada, Australien, Japan

Cover: Foto ©Suzi / pixelio.de

Weitere Bücher finden Sie auf **www.hansebooks.com**

Darwinistische Schriften.

ERSTE FOLGE. No. 19.

Preis: 1 Mark.

Darwinismus

und

Sozialismus

oder

Der Kampf um das Dasein und die moderne Gesellschaft.

Von

Prof. Dr. Ludwig Büchner.

Leipzig
Ernst Günthers Verlag
1894.

Darwinismus

und

Sozialismus

oder

Der Kampf um das Dasein und die moderne Gesellschaft.

Von

Prof. Dr. Ludwig Büchner.

Leipzig
Ernst Günthers Verlag
1894.

Der Zustand der menschlichen Gesellschaft in Vergangenheit und Gegenwart bietet für das Auge des Menschenfreundes in vielfacher Beziehung ein wenig erfreuliches Bild. Es zeigt uns riesige Gegensätze von höchstem Glück und von tiefstem Elend. Grenzenlose Armut neben grenzenlosem Reichtum, grenzenlose Gewalt neben grenzenloser Ohnmacht, grenzenloser Überfluss neben grenzenloser Entbehrung, Übermass von Arbeit neben Nichtsthuerei und Faulenzertum, politische Freiheit neben wirtschaftlichem Knechttum, fabelhaftes Wissen neben tiefster Unwissenheit, Schönes und Herrliches jeder Art neben Hässlichem und Abstossendem jeder Art, höchste Erhebung menschlichen Seins und Könnens neben dessen tiefster Versunkenheit, blöder dumpfer Aberglauben neben höchster Geistesfreiheit — das ist der Charakter einer Gesellschaft, welche in der Grösse und dem Widerstreit dieser Gegensätze die schlimmsten, hinter uns liegenden Zeiten politischer Unterdrückung und Sklaverei noch überbieten zu wollen scheint. Von jeher haben die Menschen untereinander und gegen ihr eignes Geschlecht in einer Weise gewütet, im Vergleich mit welcher die wildesten und grausamsten Bestien als fromme Lämmer erscheinen müssen. Aber wenn auch diese Zeiten wildester Barbarei und Zerfleischungswut in zivilisierten Ländern grösstenteils vorüber sind, so wiederholen sie sich doch in andrer Form in jenen erschütternden gesellschaftlichen Tragödien von Mord, Selbstmord, Hungertod, unverschuldeter Krankheit, frühzeitigem Tod, Arbeitslosigkeit u. s. w., welche wir beinahe tagtäglich an uns vorüber müssen ziehen lassen, ohne im Stande zu sein, ihre schreckliche Wiederkehr zu verhüten oder ohne ihnen mehr als eine kurze Regung des Mitleids schenken zu können. Tagtäglich sehen wir Menschen aus Mangel der notwendigsten Lebensbedürfnisse schnell oder langsam zu Grunde gehen, während dicht neben ihnen der besser situierte Teil der Gesellschaft in Überfluss und Wohlleben erstickt, und während der National-Wohlstand einen nie gesehenen, aber in der Regel nur Einzelnen zu Gute kommenden Aufschwung nimmt. Wenn wir sehen, dass Hunderttausende in Üppigkeit verderben, während Millionen dasselbe Schicksal erleiden durch Darben und Entbehren, so wird man beinahe versucht, jenem englischen Schriftsteller Recht zu geben, welcher fragt: „Ist es in Ordnung, dass Millionen beinahe Hungers sterben, damit einige Tausende an Dyspepsie (Magenüberladung) zu Grunde gehen?"

Die Statistik hat die traurige Thatsache an das Licht gebracht, dass die durchschnittliche Lebensdauer der Armen kaum etwas mehr, als die Hälfte der Lebensdauer der Reichen beträgt. Also wird der Arme durch die einfache Thatsache seiner Armut nicht bloss um den Genuss des Lebens, sondern auch um das Leben selbst gebracht. Am schwersten lastet dieser Fluch der Armut auf der armen, unschuldigen Kinderwelt, welche schon mit ihrem ersten Atemzuge den Keim eines frühen Todes oder späterer Krankheit in sich aufnimmt, und zwar hauptsächlich durch gesellschaftliches Verschulden. Die Statistik zeigt, dass im Durchschnitt schon die Hälfte aller Kinder der Armen vor Erreichung des fünften Lebensjahres dieses irdische Jammerthal wieder verlässt infolge von Mangel, schlechter Pflege u. s. w. Der riesige nationalökonomische Schaden dieses fortwährenden zwecklosen Kommens und Gehens springt in die Augen. Alle die Millionen Ausgaben an Geld und Arbeit, welche auf diese Kleinen verwendet worden sind, gehen mit ihrem Tode für die Gesamtheit unwiderbringlich verloren und können nie wieder durch deren spätere Thätigkeit ersetzt werden.

Muss es nicht das Herz des Menschenfreundes auf das Tiefste betrüben, wenn er die Kinder der Armen in Pfützen und Kothaufen nach Speiseresten wühlen sieht, welche den Reichen für ihre Hunde und Katzen zu schlecht sind — oder wenn er hören muss, dass ganze Scharen von Kindern morgens ohne Frühstück in die Schulen getrieben werden — oder wenn er von verzweifelten Vätern oder Müttern lesen muss, welche sich und ihre Kinder einem freiwilligen Tode opfern, um dem Tode durch Hunger oder Entbehrung zu entgehen — oder wenn er sehen muss, wie eine politische oder geschäftliche Krisis ganze Scharen fleissiger Arbeiter ohne Nahrung für sich selbst und für die Ihrigen auf das Pflaster wirft — oder wenn er beobachten muss, wie die Zunahme der Verbrechen gegen Leben und Eigentum zumeist einem heimlich geführten Kriege der Besitzlosen gegen die Besitzenden entspringt — oder wenn er die Überzeugung gewinnen muss, dass Egoismus und Selbstsucht die Grund-

1*

säulen sind, auf denen die menschliche Gesellschaft aufgebaut ist, u. s. w.? Wenn wir unsre grossen Städte, unsre mächtigen Industriebezirke durchwandern, so haben wir fast bei jedem Schritte Gelegenheit, zu bemerken, wie unmittelbar neben, über und unter den Stätten des Reichtums und Glanzes die Höhlen des Lasters und Elends sich verbergen, wie neben brechenden Tischen und übersatten Magen der hohläugige Hunger still seine Qualen duldet, und wie neben Wohlleben und Übermut jeder Art die hoffnungslose Entbehrung entweder scheu und ängstlich in schmutzige Winkel sich verkriecht oder in düsterer Verzweiflung schreckliche Thaten gegen Staat und Gesellschaft ausbrütet. Ein sehr berechtigtes Sprüchwort sagt: „Wer nicht arbeitet, der soll auch nicht essen." Aber wie viele essen, die nicht arbeiten oder nie gearbeitet haben, und wie viele arbeiten, die sich nicht satt essen können! Woraus der unabweisbare Schluss folgt, dass diejenigen, welche arbeiten, nicht bloss für sich, sondern auch für die Erhaltung eines ganzen Heeres von Müssiggängern thätig sein müssen. Man wende nicht ein, dass diese Müssiggänger von den Anstrengungen oder Verdiensten ihrer Vorfahren leben, da gerade die notwendigsten Lebensbedürfnisse nicht zum voraus geschaffen werden können und, wenn verzehrt, notwendig vorher durch die Anstrengungen der Mitlebenden erzeugt worden sein müssen.

Aber diese ungleiche Verteilung gilt nicht bloss für die materielle, sondern auch für die geistige Nahrung. Wie viele Talente oder Genies müssen den Pflug des Alltaglebens ziehen, weil ihnen nicht das Glück an der Wiege gelächelt hat, während oft die beschränktesten Köpfe auf den Sesseln der Macht oder Gelehrsamkeit sich breit machen.

Gerade die idealste geistige Arbeit belohnt sich in der Regel am schlechtesten. Philosophen und Dichter sind in der Regel geborene Proletarier und ernten erst nach ihrem Tode die Ehren, welche ihnen im Leben hätten zukommen müssen, während hastige und oberflächliche Fabrikarbeit nach dem Geschmack des grossen Haufens sich schon während des Lebens am besten lohnt. Man denke beispielsweise an die erbärmliche, an den Haaren herbeigezogene Situationskomik in unserm deutschen Lustspiel, die nur Hohlköpfe ergötzen kann und trotzdem auf unsern Bühnen, welche geistige Erziehungsanstalten für das Volk sein sollten, alle besseren Erzeugnisse mehr oder weniger in den Hintergrund drängt. Ebenso wie den Theatern, die sich ganz vom zahlenden Publikum abhängig machen, ergeht es unsern Zeitungen und Wochenschriften, deren höchstes Ideal die Abonnentenzahl bildet und bilden muss, und welche darum in der Regel weit mehr Gewicht auf den zeitweiligen Geschmack des Publikums neben den Interessen ihrer Leiter und Eigentümer legen, als auf Verbreitung von Wahrheit und Aufklärung. Ein ähnlicher Vorwurf kann, wenn auch in minderem Grade, der Buch-Litteratur nicht erspart werden, in welcher männlicher Gradsinn und philosophische Überzeugungstreue sicher sind, überall gegen einen Berg von Gemeinheit, Unwissenheit, Verleumdung oder Teilnahmlosigkeit ankämpfen zu müssen, während elende, auf Neugier oder Sensation berechnete oder den Vorurteilen der Masse schmeichelnde Machwerke ebenso sicher sind, tausende von begierigen Lesern zu finden. Welchen grenzenlos nachteiligen Einfluss diese notgedrungene Unterwürfigkeit unter den gerade herrschenden Geist oder Geschmack oder unter eingewurzelte Vorurteile des lesenden Publikums haben muss und bereits gehabt hat, ist zu bekannt, als dass es mehr als einer Hinweisung darauf bedürfte. Wie oft wird man, wenn man das Facit unsrer Zeitungs- und Buchlitteratur zu ziehen versucht, an das bittere Wort Shakespeares erinnert: „Wahrheit ist ein Hund, der ins Loch muss und hinausgepeitscht wird, während Madame Schosshündin (d. h. die Lüge) am Feuer stehen und stinken darf."

/Wenn man sich nun die Frage nach den Ursachen dieser betrübenden Erscheinung vorlegt, so glauben wir die Antwort in einem Zustand zu finden, dessen genauere Kenntnis uns durch die jetzt alle andern Wissenschaften an Erfolg und Bedeutnng weit überragende Naturwissenschaft an die Hand gegeben wird. Es ist jener unerbittliche Kampf um das Dasein oder jener Existenzkampf, welcher seit Darwin eine so grosse Berühmtheit erlangt hat./ Er ist zunächst hergenommen aus der Pflanzen- und Tierwelt, wo er zu einer wesentlichen Ursache der Umwandlung und des Fortschritts wird, indem in der Regel nur die Kräftigsten, Fähigsten, durch die eine oder andre Eigenheit Bevorzugten den Sieg in diesem Kampf oder Wettbewerb über ihre Genossen davontragen. Anlass zu Bemitleidung giebt uns dieser Kampf in der Regel nicht, weil der Tod schnell ist, weil er ohne volles Bewusstsein erlitten wird, und weil in der Regel nur die persönliche Tüchtigkeit oder Eigenart entscheidend ist. Es ist ein Kampf, welcher von den Einzelnen mit den im ganzen gleichen Mitteln des Krieges oder der Flucht oder des Wettbewerbs geführt wird, und wobei der Einzelne keine Bevorzugung vor andern durch den Schutz der Gesellschaft geniesst. /Die Fülle und der Reichtum der Natur steht ihnen allen ziemlich gleichmässig zu Gebot, und es giebt keine Privilegien, welche dem einen verbieten würden, etwas zu nehmen, was dem andern gestattet ist. Nur individuelle Kraft oder Fähigkeit ist entscheidend. Wenn das Tier seine Höhle oder sein Nest allerdings auch sein Eigentum nennt, so muss es doch gewärtig sein, in diesem Besitz jederzeit durch andre Stärkere gestört oder daraus verdrängt zu werden. Ganz anders aber gestaltet sich infolge seiner sozialen Einrichtungen dieser Kampf bei dem Menschen, welcher, wenn er zur Welt kommt, bereits alle oder alle guten Plätze an der Tafel des Lebens besetzt findet und, wenn ihm nicht Geburt, Reichtum, Rang u. s. w. zu Hilfe kommen, von vornherein dazu verurteilt ist, seine Kräfte und sein Leben im Dienste und zum Vorteil derjenigen, welche im Besitze sind und welchen dieser Besitz durch die Gesamtheit garantiert wird, aufzubrauchen. Daher siegt hier nicht immer der Beste, sondern der Reichste, nicht der Tüchtigste, sondern der Mächtigste, nicht der Fähigste oder Fleissigste, sondern der durch seine soziale Stellung Bevorzugte, nicht der Klügste, sondern der Verschmitzteste, nicht der Redlichste, sondern derjenige, welcher die mannigfachen Hilfsmittel politischer und gesellschaftlicher Ausbeutung in der Hand hat und dieselben am schlauesten zu benutzen versteht. Daher es denn auch, da sich dieses Verhältnis von Generation zu Generation forterbt, nicht anders sein kann, als dass mit der Zeit jener Zustand extremer gesellschaftlicher Ungleichheit daraus erwächst, welcher den Charakter der gegenwärtigen Gesellschaft bildet und in immer steigendem Masse bilden wird, und welcher bereits geschildert worden ist. Übrigens bietet der Daseinskampf des Menschen zwei ganz verschiedene

Seiten dar, welche man strenge auseinander halten muss. Die eine Seite besteht in dem Kampf des Menschen gegen die Natur und deren die freie Entfaltung seiner Kräfte beengende Schranken, — ein Kampf, den er bekanntlich mit dem allergrössten Erfolge geführt hat und mit täglich grösserem Erfolge führt. An diesem Erfolge nehmen alle Menschen in grösserem oder geringerem Masse teil oder können daran teilnehmen.

Die zweite Seite stellt sich dar als der Kampf des Menschen gegen seinesgleichen, welcher indessen ebensowohl ein direkter wie ein indirekter Kampf oder Wettbewerb um die Existenzbedingungen sein kann. Dieser Kampf ist in demselben Masse, wie der Kampf gegen die Natur leichter geworden ist, schwerer, grausamer und unerbittlicher geworden. Auch wird derselbe um so heftiger, je grösser der Fortschritt auf materiellem Gebiete wird, und je mehr die Zahl der Menschen und der Umfang ihrer Bedürfnisse zunimmt. Durch ihn sind Egoismus und Individualismus zu Weltherrschern geworden. Es ist ein allgemeiner Konkurrenz-Kampf oder ein Krieg aller gegen alle, wobei der Tod des einen das Brot des andern, das Unglück des einen das Glück des andern bedingt. Der mächtige Trieb der Selbsterhaltung und der Zwang des gesellschaftlichen Egoismus überwiegt alles; ein Widerstand gegen denselben ist nicht möglich, ausser bei schwerer Strafe der Widerstrebenden. Denn wo das Wohl oder Interesse des Einzelnen in Frage kommt, da kennt der gesellschaftliche Egoismus in der Regel ebensowenig Mitleid oder Schonung, wie der Tiger, wenn er sein Opfer zerreisst; und man kann oder darf dieses dem Einzelnen nicht einmal zum Vorwurf machen, da der Trieb oder das Interesse der Selbsterhaltung innerhalb eines gesellschaftlichen Organismus, wie er zur Zeit noch besteht, ihm sein Verhalten gebieterisch vorschreibt, wenn er nicht den eignen Untergang herbeiführen oder beschleunigen will. Selbst der aufopferndste Menschenfreund kann sich diesem Gebot des Egoismus nicht entziehen, ohne sich selbst den grössten Gefahren auszusetzen. Es ist gewissermassen eine grosse und allgemeine Flucht oder ein Wettrennen der Furcht vor der Not und Entbehrung des Lebens, ohne Mitleid oder Hilfe für die dabei zu Boden Sinkenden, ähnlich jenem berüchtigten Übergang der grossen Armee über die Beresina, wo jeder nur für die eigne Rettung besorgt war und besorgt sein musste. Wer nicht niedergetreten sein will, muss selbst niedertreten und dem allgemeinen Feldgeschrei folgen: „Rette sich wer kann! Unterliege wer muss!" Auch hat sich durch Gewohnheit das Gefühl des Einzelnen für die Schrecken eines solchen Zustandes nach und nach in ähnlicher Weise abgestumpft, wie es sich gegen die Schrecken einer Schlacht bei den Kämpfenden abzustumpfen pflegt.

Wer kennt nicht das berühmte Buch des Amerikaners Bellamy, worin derselbe den Zustand der menschlichen Gesellschaft mit einer grossen, bequem eingerichteten Kutsche vergleicht, welche von einer kleineren Anzahl von Menschen besetzt ist, während die grössere davor gespannte Mehrzahl diese Kutsche mit Aufbietung aller Kräfte über Berge und Thäler, durch Sümpfe und Moräste schleppt, getrieben von der Peitsche des Hungers, der als Kutscher auf dem Bocke sitzt! Ich halte das Gleichnis, wie alle Gleichnisse, in vieler Beziehung für schief oder hinkend, aber im grossen und ganzen muss es doch das Richtige getroffen haben, wie der beispiellose Erfolg des Buches beweist. Derselbe wäre nicht denkbar, wenn nicht eine grosse Mehrzahl von Menschen tief von der Überzeugung eines unnatürlichen und ungerechten Zustandes der heutigen menschlichen Gesellschaft durchdrungen wäre und in dem Buche mehr oder weniger eine Offenbarung der eignen, sie bewegenden Gefühle gefunden hätte.

Es wird wohl nicht viele geben, welche ernstlich zu leugnen wagen, dass ein solcher Zustand der Gesellschaft von den grössten ökonomischen und moralischen Nachteilen begleitet ist und begleitet sein muss. Einerseits erzeugen Armut, Besitzlosigkeit und Mangel an Erziehung und Bildung die meisten Verbrechen gegen Staat und Gesellschaft, während andrerseits übertriebener Reichtum Müssiggang und allerhand Laster im Gefolge hat; wodurch Staat und Gemeinde genötigt werden, eine kostspielige Justiz mit allen ihren hässlichen Anhängseln und eine ebenso kostspielige Armenpflege zu unterhalten. In moralischer Beziehung erzeugt der allgemeine Konkurrenzkampf hässliche Leidenschaften, wie Neid, Hass, Mitleidlosigkeit, Geldgier, Hartherzigkeit, gegenseitige Verfolgungssucht statt gegenseitiger Liebe und Unterstützung. Jeder denkt und handelt nur für sich und sein eignes Interesse, weil er weiss, dass im Notfall kein anderer für ihn eintreten oder dass er an der Gesamtheit keine Stütze finden würde. In einer richtig organisierten Gesellschaft müsste der Gewinn des Einzelnen zugleich der Gewinn der Gesamtheit sein und umgekehrt, und das Motto derselben müsste heissen: „Einer für alle und alle für einen", während jetzt in der Regel das Gegenteil stattfindet. Unsre grössten Gewinne erzielen wir durch eine der traurigsten Ursachen oder durch den Tod derjenigen, welche uns im Leben die liebsten waren, indem wir sie beerben. Der Baumeister und alle bei Bauten beschäftigten Arbeiter müssen sich freuen, wenn Häuser einstürzen oder abbrennen; die Grubenarbeiter desgleichen, wenn hunderte ihrer unglücklichen Kameraden im Dunste der Bergwerke ersticken; der Arzt muss sich freuen, wenn es viele Krankheiten giebt; der Advokat nährt sich von Prozessen, welche seinen Mitbürgern Ruhe und Vermögen rauben; der Richter muss Gefallen haben an grossen Kriminalprozessen; die Offiziere müssen sich freuen, wenn das grösste Übel, welches die Menschheit betreffen kann, der Krieg ausbricht, weil sie davon Beförderung erwarten; der Familienvater muss sich freuen, wenn seine Nachkommenschaft möglichst klein bleibt, obgleich der eigentliche Zweck der Familie dabei verloren geht; der Wirt oder der Verkäufer geistiger Getränke muss sich freuen, wenn die Trunksucht, und die verlorenen Töchter des Volkes müssen sich freuen, wenn die Unzucht zunimmt; alle Handwerker und Produzenten müssen sich freuen, wenn die von ihnen erzeugten Gegenstände übermässig rasch verbraucht werden; ein Gewitter oder Hagelschlag wird trotz des durch solche Naturereignisse angerichteten Schadens von dem Glaser oder Versicherungsagenten gern gesehen; wie denn überhaupt beinahe alles, was dem einen Schaden, dem andern Verdienst bringt.

Man könnte noch lange mit Aufzählung ähnlicher Beispiele fortfahren, aber diese Vermehrung würde am dem Resultat nichts ändern.

Dazu kommt der demoralisierende Charakter der Arbeit selbst, welche in der Regel nicht aus Interesse für das

Gemeinwohl, sondern aus Zwang der Umstände geleistet wird. Der heutige Arbeiter ist ein Sklave wie ehedem, nur mit dem Unterschiede, dass ihn nicht die Peitsche des Herrn, sondern diejenige des Hungers in die Abhängigkeit von seinem Arbeitgeber treibt. Aber dieser Arbeitgeber selbst ist wieder ein Sklave — ein Sklave des Kapitals, der Konkurrenz, der Geschäftskrisen, der Strikes, der Verluste und oft in weit schlimmerer Lage, als der von ihm bezahlte Arbeiter. Ist so der Widersinn des Systems schon gross genug in **moralischer** Beziehung, so ist er noch grösser in **ökonomischer** Hinsicht. Denn während die Erde so viele Nahrungsstoffe hervorbringt, dass die ganze lebende Menschheit reichlich damit versorgt werden könnte, und bei richtiger, von gemeinsamen Grundsätzen geleiteter Bewirtschaftung noch viel mehr hervorbringen könnte, und während der Nationalwohlstand und die Ansammlung kolossaler Reichtümer in einzelnen Händen eine nie gesehene Höhe erreichen, müssen wir fortwährend mitten im Überfluss jene Szenen von Hunger, Entbehrung, unverschuldetem Kranksein und frühzeitigem Sterben erleben, die bereits geschildert worden sind. Wie heuchlerisch ist die Fürsorge des Staates für seine Bürger, um dieselben vor der kleinsten Verstündigung gegen Leben, Eigentum oder Gesundheit zu schützen, während er ruhig zusieht oder duldet, dass fortwährend Tausende durch Not, Elend und Entbehrung schnell oder langsam in einen bald freiwilligen, bald unfreiwilligen Tod getrieben werden, oder dass durch mangelhafte Erziehung und Ernährung eine an Geist und Körper verkrüppelte Jugend emporwächst, die mit der Zeit die Strafgerichte beschäftigt, die Gefängnisse füllt oder

der Armenpflege zur Last fällt. Man erlässt scharfe Gesetze gegen Tierquälerei, aber man hat kein Auge für jene entsetzliche Menschenquälerei, welche erlaubt, dass blasse, schwindsüchtige Mädchen oder Frauen, ja ganze Bevölkerungen, wie die schlesischen und erzgebirgischen Handweber, Tag und Nacht für Löhne arbeiten, welche kaum hinreichen, sie vor dem Hungertode zu schützen; oder dass andre tausende, um desselben Zweckes willen, Leben und Gesundheit in absolut schädlichen Fabrikationszweigen zum Opfer bringen; oder dass barfüssige, kaum mit Lumpen bekleidete Kinder bei Winterskälte in den Strassen unsrer Städte umherirren; oder dass ein Dutzend Menschen in einem Wohnraume zusammengedrängt ist, der kaum für einen Einzigen hinreicht, während ein andrer zehn oder zwölf Zimmer und mehr für sich allein zur Verfügung hat; oder dass die Wohnungen der Armen oft schlechter sind, als die Hundehütten und Pferdeställe der Reichen; oder dass vielen nichts übrig bleibt, als ihre Nächte im Freien zuzubringen, auf die Gefahr hin, dafür verfolgt und bestraft zu werden, während beispielsweise in Berlin 40000 Wohnungen leer stehen; oder dass es Menschen giebt, welche aus Hunger und Nahrungssorgen schnell oder langsam zu Grunde gehen, während der blosse Abfall von dem Tische der Reichen oder ein geringer Prozent ihres Überflusses solches verhüten könnte, u. s. w. u. s. w.

Wenn man in Gebirgsgegenden sehen muss, wie sich fette Weiber von keuchenden und schwitzenden Menschen mit höchster Gefahr für deren Leben und Gesundheit auf hohe Aussichtspunkte hinaufschleppen lassen, bloss um eines armseligen Geldlohnes willen, so muss man mit Hass gegen eine Gesellschaftsordnung erfüllt werden, welche dem Gott Mammon erlaubt, seine elenden Geldsklaven ebenso zu den niedrigsten Sklavendiensten und zur blinden Unterwürfigkeit unter seine Gebote zu zwingen, wie es ehedem den Herrn über Sklaven oder Leibeigene zu thun erlaubt war.

Ich wiederhole, dass es im allgemeinen nur wenige geben wird, welche diese nackten Thatsachen zu leugnen oder den damit verbundenen Zustand als solchen zu verteidigen wagen. Man erkennt die sozialen Schäden und Widersinnigkeiten als solche an, wie ja schon daraus hervorgeht, dass die dadurch hervorgerufene Litteratur mit zahllosen Besserungsvorschlägen fast unabsehbar geworden ist. Aber — so pflegt man diesen Vorschlägen gegenüber zu antworten — der Zustand ist leider nicht zu ändern. Es war von jeher so und wird immer so sein und bleiben. Ungleichheit ist ein notwendiges Attribut der menschlichen Gesellschaft. Zu allen Zeiten hat es Adel und Stände, Reiche und Arme gegeben, und die grosse Masse ist immer nur zum Arbeiten und Gehorchen dagewesen. Vernunft und Gerechtigkeit in sozialer Beziehung sind immer Ideale geblieben; und alle Gesellschafts-Idealisten, Plato mit seinem Vernunftstaat an der Spitze, haben in der Praxis stets schmählich Schiffbruch gelitten. Wollte man auch heute alle Besitztümer gleichmässig verteilen, so würde sehr bald wieder die alte Ungleichheit da sein. Auch würde, wie eine Berechnung leicht ergiebt, eine solche allgemeine Verteilung des Besitzes dem Einzelnen verhältnismässig nur sehr geringen Gewinn einbringen.

Man versäumt dabei nicht, an die grossen Wohlthaten der Konkurrenz zu erinnern, welche den eigentlichen Sporn der Arbeit und des Fortschritts bildet und welche es zu

Wege gebracht hat, dass sich heutzutage durch die Billigkeit der Erzeugnisse die Konsumtion mehr oder weniger nach der Produktion richtet, während man früher allgemein der Meinung war, dass das umgekehrte Verhältnis das allein richtige oder mögliche sei. Aber wie soll diesen Einwänden begegnet, wie soll geholfen werden? Diese Frage ist um so schwieriger zu beantworten, als bis jetzt alle die zahllosen Versuche und Vorschläge zur Lösung der sozialen Frage erfolglos geblieben sind. Dies darf jedoch den Menschenfreund nicht abschrecken, immer wieder von neuem an Mittel der Abhilfe zu denken. Es muss geholfen werden und — was die Hauptsache ist — es kann geholfen werden.

Es muss geholfen werden, wenn man nicht riskieren will, dass jede politische Umwälzung oder Erschütterung der Gegenwart (und an solchen fehlt es ja niemals) von schweren sozialen Erschütterungen begleitet sein wird. Ein allgemeines Gefühl sozialer Unbehaglichkeit oder Ungerechtigkeit, namentlich in den niederen Schichten der Bevölkerung, hat sich der Mehrzahl der Menschen bemächtigt, und eine künftige Revolution wird nicht mehr, wie in der ersten und zweiten französischen Revolution, vor dem „Eigentum" stehen bleiben. An deutlichen Anzeichen dieser in den Tiefen der Volksseele tigerartig gärenden Leidenschaften und Gelüste fehlt es ja in keiner Weise; dieselben werden sich zu gelegener Zeit Luft machen, ohne dass man im Stande sein wird, durch Gewaltmassregeln etwas andres zu erreichen, als die Erziehung von Märtyrern und Fanatikern. Die Nihilisten in Russland, die Communards in Frankreich, die Sozialdemokraten in Deutschland, die Fenier, die Irredentisten, die Dynamiteriche, der sein Haupt immer mehr erhebende und förmlich Schule machende Anarchismus sind gewissermassen nur die Sturmvögel oder Warnungssignale einer kommenden Umwälzung; und der Staatsweise oder Staatslenker, der sie unbeachtet lassen wollte, würde dem Schiffer gleichen, der die sein Schiff vor dem Sturm umflatternden Seemöven nicht beachtet oder dieselben mehr als Verfolgungs-Objekte, denn als Warner behandelt. Denn „wer seine Zeit damit verbringt, Jagd zu machen auf die Möven, wird vom Sturm überrascht und beschädigt werden an Leben und Gut." (Radenhausen.)

Sollte es aber auch, was ja nicht unmöglich wäre, gelingen, durch Gewaltmassregeln jeden Versuch einer sozialen Umwälzung dauernd zu unterdrücken, so würde doch damit die geschilderte Unzufriedenheit und Unbehaglichkeit aus dem Schosse der Gesellschaft nicht nur nicht entfernt, sondern nur noch vermehrt oder gesteigert werden. Es würde mit der Zeit eine Art heimlichen Kriegszustandes zwischen den besitzenden und den nicht-besitzenden Klassen der Gesellschaft entstehen, welcher die Ruhe und das Glück des Gemeinwesens nicht weniger alterieren würde, als ein offener Krieg. Denn wenn man beispielsweise erfährt, dass im Jahre 1864 in England dreitausend Personen ein jährliches Einkommen von ungefähr 500 Millionen Mark, oder mehr als das jährliche Gesamteinkommen aller Ackerbauarbeiter von ganz England und Wales, unter sich teilten, so wird man einen dauernden sozialen Frieden auf dem Boden eines solchen Missverhältnisses wohl kaum für möglich halten dürfen.

Glücklicherweise fehlt es nicht an der Möglichkeit,

diesem Zustand zu begegnen oder den drohenden Sturm nicht zum Ausbruch kommen zu lassen, ohne dass man nötig hätte, zu gewaltsamen Mitteln zu greifen, und zwar mit Hilfe einer Anzahl friedlicher Reformen, welche, auf dem Boden der jetzigen Gesellschaftsordnung stehend, von da langsam und allmählich zu einem besseren Zustand der Dinge hinüberleiten — vorausgesetzt, dass es gelingt, die Mehrzahl der Menschen von der Wohlthätigkeit und Notwendigkeit solcher Massregeln zu überzeugen. Wir sehen hierbei selbstverständlich ab von jener radikalen oder radikalsten Lösung der sozialen Frage, wie sie der Kommunismus verlangt. Ein solcher Zustand, wobei der gesamte Besitz gemeinschaftlich und die Arbeit ganz frei oder freiwillig sein würde, und von dem noch einmal ausführlicher die Rede sein wird, wäre wohl denkbar, ist aber für jetzt in grösserem Massstabe unausführbar, teils wegen der allgemeinen Abneigung gegen denselben, teils wegen der Schwäche der menschlichen Natur, welche durch lange Jahre des Egoismus und Individualismus für Ertragung derartiger Idealzustände unfähig geworden ist.

Ein solcher Zustand würde erst möglich sein am Ende einer langjährigen Erziehung des menschlichen Geistes im Sinne des Altruismus und Kollektivismus oder der allgemeinen Bruder- und Menschenliebe.

Es bleibt sonach nichts übrig, als Ausschau nach andern Mitteln oder Hilfen zu halten. Hier wird uns denn wieder der richtige Fingerzeig gegeben durch die Naturwissenschaft, welche heutzutage bestimmt sein dürfte, nicht bloss die geistige, sondern auch die soziale Befreiung der Menschheit zu bewirken.

Ich komme dabei zurück auf den von dieser Wissenschaft in das rechte Licht gesetzten Kampf um das Dasein, welcher leider unter den gegenwärtigen gesellschaftlichen Verhältnissen noch ganz den Charakter des rohen Daseinskampfes der Natur trägt, nur mit dem Unterschied, dass er hier mit mehr oder weniger gleichen, dort mit sehr ungleichen Mitteln gekämpft wird.

Da lautet denn das erlösende Losungswort: Ersetzung der Naturmacht durch die Vernunftmacht, d. h. möglichste Ausgleichung der Mittel und Umstände, unter denen und mit denen gekämpft wird. An die Stelle des Einzelkampfes um das Dasein muss ein gemeinsamer Kampf aller für das Dasein treten. Mit andern Worten: die Stelle des rohen Naturkampfes muss ein gemeinschaftlicher, durch Vernunft und Gerechtigkeit geregelter sozialer Kampf um die Lebensbedingungen ersetzen.

Der Kampf, wie er unter den jetzigen sozialen Verhältnissen geführt wird, verdient den Namen eines eigentlichen Kampfes, eines Wettbewerbs mit gleichen Mitteln weit weniger, als denjenigen einer gesetzlich geregelten Unterdrückung. Oder wie wäre anders der Kampf eines Menschen zu bezeichnen, den man, allenfalls mit einem hölzernen Säbel bewaffnet, gegen Flinten und Kanonen schicken wollte Oder der Wettlauf eines Menschen mit blossen Füssen mit einem andern, der Pferde oder Eisenbahnen zur Verfügung hätte! Oder wie wäre anders der Wettbewerb zwischen zwei Menschen zu bezeichnen, von denen der eine alle Vorteile von Rang, Reichtum, Erziehung, Bildung, sozialer Stellung u. s. w. für sich hätte, während der andre über nichts verfügte, als über die Kraft seiner nackten Arme und seines ungebildeten Verstandes!

Der Ausgang eines solchen Kampfes oder Wettbewerbs ist zum voraus entschieden. In der Regel ist das Schicksal des einzelnen Menschen schon in seiner Geburt besiegelt und das gesellschaftliche Sklaventum desjenigen, dessen Wiege in der Hütte eines armen Mannes gestanden hat, mit seinem ersten Atemzuge entschieden. „Die Fesseln einer niederen Geburt", sagt J. C. Fischer,*) „schleppen wir durch das ganze Leben, und an ihnen zerschellt oft die unerhörteste Anstrengung eines ganzen Lebens." Zwar wird man entgegnen, dass man sehr eklatante Ausnahmen von dieser Regel kennt. Man wird z. B. an den vor kurzem gestorbenen Amerikaner Jay Gould erinnern, der als armer Hirtenjunge in Amerika einwanderte und als beispielloser Millionär starb. Diese Ausnahmen oder Glücksfälle können und sollen nicht geleugnet werden; aber sie sind eben nur überaus seltene Ausnahmen, welche die Regel nicht umstürzen. In der Regel erhalten sich Rang und Reichtum bei einzelnen Familien oder Ständen oder Gesellschaftsschichten für unbestimmt lange Zeiten.

Glücklicherweise fehlt den unterdrückten Klassen der Gesellschaft das volle Bewusstsein oder die volle Empfindung ihrer Lage. Die Macht der Gewohnheit stumpft ihr Gefühl dafür ab und lässt sie dasjenige, was doch nur Menschenwerk ist, als eine unvermeidliche Fügung des Schicksals betrachten. Wenn dies nicht so wäre, würden wir schon längst jene soziale Revolution haben, welche fortwährend angekündigt wird, aber dennoch nicht kommen will. Auch hat es die Natur weise so eingerichtet, dass das Glück mehr im

---

*) Die Freiheit des menschlichen Willens, Leipzig 1871.

Charakter und Temperament des Einzelnen, als in den äusseren Lebensumständen liegt. Wer ein glücklich angelegtes Temperament hat, wird sich in jeder Lebenslage mehr oder weniger wohl fühlen, während ein Melancholiker oder ein zu Ängstlichkeit und Trübsinn geneigter Mensch durch keine Glücksumstände froh oder zufrieden gemacht werden kann. Trotzdem zeigen die bereits angeführten Umstände und Erscheinungen deutlich, dass sich die Gesellschaft im grossen und ganzen in hohem Grade unwohl fühlt und einer kommenden Umwälzung entgegensteuert. Die erschreckende Ausbreitung der Sozialdemokratie wäre unbegreiflich, wenn nicht das Bewusstsein ihrer gedrückten Lage in den unteren Schichten der bürgerlichen Gesellschaft in fortwährendem Zunehmen begriffen wäre. „Thatsache ist", sagt F. A. Lange in seiner vortrefflichen Schrift über die Arbeiterfrage*), „dass der Kampf um das Dasein gerade jetzt wieder in der mächtigsten und entscheidendsten Schicht der Nation in seiner ganzen ermattenden Schwere empfunden wird, und dass die Geister beginnen, der Einförmigkeit dieses Druckes überdrüssig zu werden."

Eine Änderung dieses trüben Zustandes ist, wie gesagt, nur möglich durch eine grössere Ausgleichung in den Mitteln, womit jeder einzelne seinen Kampf um das Dasein kämpft — eine Ausgleichung, welche sich vor allen Dingen auf die Besitzes-Verhältnisse zu erstrecken hat. Ferner durch die Umwandlung des Einzelkampfes in einen gemeinschaftlichen, solidarisch verbundenen Kampf aller gegen die Übel des Lebens, welche da sind Hunger, Kälte, Elend, Entbehrung,

---
*) Duisburg 1865.

Krankheit, Alter, Unfall, Invalidität und Tod, oder durch Herbeiführung eines Zustandes, in welchem das Wohl des Einzelnen mehr oder weniger identisch wird mit dem Wohl der Gesamtheit und umgekehrt — ein Zustand, in welchem das schöne Wort zur Wahrheit wird: „Einer für alle und alle für einen."

Ein solcher Zustand wäre, wie ich glaube, sehr leicht herbeizuführen, ohne dass der Arbeits- und Erwerbstrieb des Einzelnen darunter Not leidet, so dass jeder die Früchte seines eigenen Fleisses, seiner eigenen Thätigkeit und Intelligenz geniesst und zwar durch Herbeiführung einer Versöhnung zwischen den Einzel- und den Gesamt-Interessen.

Allerdings muss zugegeben werden, dass eine vollständige Ausgleichung in dieser Richtung — wenigstens für den Anfang — kaum als möglich gedacht werden kann. Aber auch schon eine teilweise Ausgleichung muss und wird von den wohlthätigsten Folgen begleitet sein und wird voraussichtlich allmählich zu einem Zustande hinüberleiten, der eine gänzliche Lösung der sozialen Frage in Aussicht stellt. Namentlich wird der an sich so wohlthätige Sporn der Konkurrenz durch diese Lösung nicht abgeschwächt, sondern im Gegenteil geschärft werden, indem jeder nur die Früchte seines eigenen Fleisses geniessen und nicht auf Kosten andrer wird leben können. Auch ist die Lösung möglich ohne Verwischung der natürlichen Ungleichheiten der Gesellschaft durch Geburt, Familie, Wohnort, Anlage, inneres Bedürfnis, geistige und körperliche Vorzüge, Verschiedenheit der Beschäftigung u. s. w. Diese natürlichen Ungleichheiten oder Verschiedenheiten können nicht beseitigt werden, weil in der Natur des Menschen und der Dinge selbst gelegen. In einer

Versöhnung des Individualismus mit dem Kollektivismus, vulgo Sozialismus, oder in einer richtig organisierten Übereinstimmung der Interessen und Bedürfnisse des Einzelnen mit den Interessen und Bedürfnissen der Gesamtheit scheint daher das ganze soziale Problem der Zukunft zu liegen. „Es ist schlechthin undenkbar", sagt W. E. Backhaus*), „dass in einem Staatsganzen, dessen Einrichtungen auf dem Vernunftgesetz beruhen, Sozialismus und Individualismus als feindliche Kräfte gegeneinander wirken sollten." Die innige Verbindung des individualistischen Gedankens mit dem sozialistischen, des Individuums mit der Gesellschaft bedeutet in Wahrheit die Durchführung des grossen staatswirtschaftlichen Grundgesetzes, nach welchem der Vorteil des Einzelnen stets auch der Vorteil der Gesamtheit sein soll. Es ist hohe Zeit, dass der Konflikt zwischen Einzel- und Gesamtinteressen im wirtschaftlichen Leben der Völker seine Lösung finde — eine Lösung, welche nicht in der Hand dunkler Schicksalsmächte, sondern einzig und allein in der Hand des Menschen selbst liegt. „Sozialwirtschaft und Individualwirtschaft gehören in einem Staatsganzen zu einander; sie ergänzen und fördern sich gegenseitig; sie gehören zusammen wie Leib und Seele u. s. w."

Was nun die Mittel dieser Versöhnung oder der sozialen Erlösung betrifft, so können dieselben dreierlei Art sein. Sie heissen

1) Abschaffung der sog. Bodenrente oder Zurückführung des von Natur- und Rechtswegen allen gehörigen Eigentums an Grund und Boden in den Besitz der Gesamtheit (mit

---
*) Allen die Erde. Leipzig 1893.

selbstverständlichem Einschluss der Wasserkräfte und des Bergbaues).

2) Reform d. h. allmähliche, gradweise bis zur vielleicht gänzlichen Abschaffung sich steigernde Reform der Erbrechte.

3) Umwandlung des Staates in eine allgemeine, solidarisch verbundene Versicherungsgesellschaft gegen Krankheit, Alter, Unfall, Invalidität und Tod.

Was den ersten Punkt betrifft, so kann es wohl kaum einen weniger anfechtbaren Grundsatz des Naturrechts geben, als denjenigen, dass die Mutter Erde, die uns alle erzeugt hat, die aber von niemand erzeugt worden ist, und ohne welche menschliches Dasein eine Unmöglichkeit sein würde, nicht einzelnen, sondern allen gehört. Gleichwie der Mensch ein Produkt der Erde ist, so muss auch sein Dasein in dem Anrecht an den Besitz derselben begründet sein. Der Mensch ist nichts und vermag nichts ohne den Beistand der Mutter Erde und ihrer nie versiegenden Kraft; er kann nichts erwerben, nichts hervorbringen, nichts besitzen ohne Benutzung ihrer Kräfte und ihrer Gaben. Daraus folgt, dass nach den einfachsten Grundsätzen der Billigkeit und Gerechtigkeit die Benutzung dieser Gaben und Kräfte jedem zur Welt Gekommenen in gleicher Weise zur Verfügung stehen muss, und dass das Recht an den Grund und Boden ein ebensolches Naturrecht ist, wie das Recht, die freie Luft zu atmen oder das der Erde entquellende Wasser zu trinken oder sich von der Sonne bescheinen zu lassen. Leider wird diesem Grundsatz in der Wirklichkeit in greulicher Weise Hohn gesprochen. Eine Reihe von Umständen, wie Gewalt, Eroberung, Krieg, Vererbung, Kauf, Schenkung, Feudal- und Lehnsgüterwesen u. s. w. haben es im Laufe der Zeit dahin gebracht, dass eine Minderheit durch den Besitz von Grund und Boden zur Beherrscherin der ganzen Menschheit geworden ist, bis schliesslich alles so verteilt war, dass kein Platz oder Raum für den zu spät Gekommenen übrig geblieben, und dass dieser, wenn er nicht selbst zufällig als Besitzer geboren ist, in der Luft hängen bleiben müsste, wenn er nicht sofort das Recht der Niederlassung dadurch erkaufen würde, dass er seine von der Natur ihm verliehenen Arbeitskräfte denen, welche im Besitz des Bodens und der Arbeitsmittel sind, leibeigen giebt. Die ungeheure Macht der Gewohnheit hat es dahin gebracht, dass die grosse Mehrzahl der Menschen diesen rechtlosen Zustand als etwas Natürliches oder Selbstverständliches hinnimmt, während derjenige, der den Ursachen desselben nachgeht, alsbald findet, dass das private Eigentum an Grund und Boden nicht von der Natur, sondern von Gewalt und Usurpation herkommt. Auch war dieses Naturrecht im frühesten Altertum fast überall mehr oder weniger anerkannt, so in Palästina, Griechenland, Italien, Germanien, Gallien, Indien, China, Japan, Peru u. s. w. Schon in den ältesten geschichtlichen Urkunden unsres Geschlechts finden wir den Gedanken der Gemeinsamkeit des Bodens deutlich ausgesprochen, so namentlich in der Bibel, deren zahlreiche darauf bezügliche Aussprüche an Deutlichkeit nichts zu wünschen übrig lassen. Zwar war bei den alten Hebräern der Grund und Boden Familieneigentum; aber alle fünfzig Jahre fand eine Neuverteilung des Bodens statt. Ebenso erkannte der chinesische Denker Laotse in dem Besitz der Erde ein allen Menschen vom Weltall-Gott anvertrautes heiliges Gut. Dementsprechend war das Bodeneigentumsrecht in China nur ein Nutzungsrecht und nur als solches übertragbar, während das Eigentum selbst der durch den Staat repräsentierten Gesamtheit verblieb und in der Theorie noch bis auf den heutigen Tag verbleibt. Erst infolge einer langen Reihe von Gewaltmassregeln und Usurpationen konnte die individuelle Aneignung des Grundes und Bodens in China durchgesetzt werden. Ebenso war es in Japan, wo erst die mongolischen Eroberer mit Gewalt das Feudalsystem einführten. Die Indier kannten vor der englischen Eroberung weder das Recht der Veräusserung des Grundeigentums, noch das Testament.

Nach Backhaus (a. a. O.) erscheint es als höchst wahrscheinlich, wenn nicht als gewiss, dass Grund und Boden im Anfang der Geschichte überall Gemeinbesitz der Völker gewesen sind. Auch haben sich die alten Philosophen dafür erklärt. Aristoteles erklärt, dass Grund und Boden notwendig Gemeingut sein müsse, und Plato verlangt, dass jedem Bürger ein gleich grosses oder gleich ertragsfähiges Stück Land als unteilbar und unveräusserlich zur Benutzung übergeben werde. Auch hatten Rom und Griechenland anfangs dementsprechende Acker-Verfassungen. In Sparta hielt das Verbot des Bodenverkaufs und des Testaments lange Zeit die Gleichheit des Besitzes aufrecht; und in Athen unterwarfen Solon und seine Nachfolger das individuelle Eigentum überhaupt schweren Beschränkungen, wahrscheinlich als Reminiscenzen eines anfänglichen Kommunismus. Auch in Rom hat sich das individuelle Eigentum an Grund und Boden nur nach und nach aus dem gemeinsamen herausgebildet. Anfangs Gemeinde-Eigentum wurde es später zum Eigentum der einzelnen Familien und Geschlechter, welche letzteren in Bezug auf den Besitz gewissermassen nur eine einzige Person bildeten. Erst mit dem Gesetz der zwölf Tafeln und mit der Einführung der Rechte von Verkauf und Testament gewann das individuelle Eigentum das Übergewicht über das gemeinsame. Das grosse Grundeigentum verschlang allmählich das kleine, und es entstanden Zustände, wie wir sie jetzt noch in England zu beobachten Gelegenheit haben. Sicher ist es auch, dass nach altem germanischem Recht der grösste und unentbehrlichste Teil des bewirtschafteten Bodens oder die sog. Aussenmark Gemeinbesitz der Markgenossen war, während die sog. Binnenmark dem Einzelnen nur in der Eigenschaft als „Verwalter" gehörte. „Eine Ausnutzung und Ausbeutung des Grundbesitzes und der Bodenkraft durch Einzelne zum Zwecke des ausschliesslich eignen Vorteils war den alten Deutschen gänzlich unbekannt." Und diesem Bodenrecht und dem dadurch bethätigten Gemeinsinn verdankten die alten Germanen ihre Freiheit und ihre unerschöpfliche Kraft. Erst dem dämonisch wirkenden Geist der römischen Gesetzgebung mit ihrer übermässigen Betonung der persönlichen Besitz- und Eigentumsrechte gelang es, auch im alten Germanien ein Privatrecht auf den Bodenbesitz zu schaffen. Es war das Nessushemd, welches die sterbende Roma dem germanischen Riesen arglistig vermachte. Aber so urgesund waren die alten germanischen Rechtseinrichtungen, dass sich Reste des Gemeinde-Eigentums unter verschiedenen Bezeichnungen bis heute in einzelnen deutschen Landen und Ortschaften erhalten haben. Der Zeitschrift „Freiland", dem Organ der Deutschen Gesellschaft für Bodenbesitzreform, ist es gelungen, nachzuweisen, dass in Deutschland noch mehr als hundert Ortschaften existieren, welche im glücklichen Besitze von

Gemein-Eigentum an Grund und Boden geblieben sind. Noch weit mehr ist diese Einrichtung erhalten geblieben in einem grossen Teile von Russland, sowie in manchen Dörfern Serbiens und Kroatiens, auch bei vielen asiatischen Horden in der Form des russischen sog. „Mir", wobei das Land gemeinschaftlich von allen Gemeindemitgliedern besessen und bebaut und die Ernte gleichmässig verteilt wird. In der Schweiz findet sich ein Überrest dieser alten Einrichtung in der Form des sog. „Allmend". In ganz Afrika besteht nach Letourneau*) die Individualisierung und Mobilisierung des Grundeigentums nur ausnahmsweise. Ebenso ist es mit dem eingeborenen Amerikanertum, bei welchem die Jagd- und Fischgründe nicht dem Einzelnen, sondern dem Stamm oder der Tribus angehören. In Java besteht noch überall Gemeinsamkeit des Bodens und eine Verfassung, welche sich sehr derjenigen des bereits erwähnten russischen Dorfsystems „Mir" nähert. Bei den alten Peruanern bestand nach Prescott**) ein systematisch durchgeführter und von oben geleiteter Kommunismus, welcher zur Folge hatte, dass es keine Armut und keinen Mangel gab, und dass für Alte, Schwache, Kranke oder vom Unglück Betroffene ausreichend gesorgt war u. s. w.

Wendet man diese Erfahrungen auf die Vorgeschichte des Menschen an, so ist man wohl genötigt, anzunehmen, dass, wie Verfasser in seiner Schrift über das goldene Zeitalter näher ausgeführt hat, die wilden Horden der Urzeit das persönliche Eigentumsrecht so wenig oder in so beschränkter

---

*) Die Sozialwissenschaft nach der Ethnologie, Paris 1880.
**) Geschichte der Eroberung Perus, Leipzig.

Weise kannten oder achteten, wie die Wilden der Gegenwart; — und zwar nicht bloss bei Jägern und Fischern, bei denen ein festes Eigentum an Grund und Boden kaum möglich war, sondern auch bei Ackerbauern. Nur die Waffen und Werkzeuge, welche sich der Einzelne selbst angefertigt hatte, galten als sein persönliches Eigentum, obgleich es nach Plutarch sogar noch den alten Lacedämoniern erlaubt war, sich der Pferde, Hunde und Werkzeuge ihrer Nachbarn zu bedienen, wenn diese keinen Gebrauch davon machten.

Die Rückkehr zu den alten Zuständen oder die Rückgabe des von Natur- und Rechtswegen allen gehörigen Besitzes von Grund und Boden an die Gesamtheit ist übrigens — auch abgesehen von allen sozialen oder naturrechtlichen Gründen — eine solche ökonomische oder staatswirtschaftliche Notwendigkeit, dass sie auf die Dauer trotz allen Widerstrebens gar nicht umgangen werden kann. Denn bei dem riesigen Anwachsen der Bevölkerung in den europäischen Ländern giebt es kein andres Mittel, um den Boden auf seine äusserste Ertragsfähigkeit auszubeuten. Es kann und darf daher dem einzelnen Besitzer eines Grundstücks nicht überlassen bleiben, ob und bis zu welchem Grade er dasselbe ertragsfähig machen will oder nicht, sondern es muss dem Boden im Interesse der Gesamtheit alles abgerungen werden, was ihm irgend abgerungen werden kann. Dieses kann aber nur geschehen durch den auf die Grundsätze der wissenschaftlichen Landwirtschaft gestützten Grossbetrieb, sowie dadurch, dass kein Fleckchen Erde nach Massgabe seiner Lage und Beschaffenheit unbenutzt bleibt, während der Privatbetrieb hierin ganz willkürlich und sehr oft unrationell verfährt oder verfahren kann. Nirgendwo tritt dieses deutlicher zu Tage, als in England, wo bekanntlich der gesamte, für Ackerbau bestimmte Grund und Boden bei einer Bevölkerung von ca. 35 Millionen in den Händen von nur 14—15000 Eigentümern sich befindet, welche daraus — in der Regel arbeitslos und ohne jede eigene Bemühung — eine jährliche Rente von nicht weniger als 4000 Millionen Mark ziehen. Von dem riesigen Güter-Komplex des Herzogs von Sutherland z. B. (11 Mill. Acker) befinden sich nur ca. 23000 Acker unter Cultur; und das Gesamterträgnis berechnet sich im Durchschnitt auf eine Mark pro Acker, während dasselbe in einzelnen Teilen auf das Vierzigfache gesteigert werden könnte. Aber die unermesslich reichen englischen Landlords ziehen es vor, aus kulturfähigem Boden, auf welchem sich tausende fleissiger Menschen ernähren könnten, Schaftriften oder Wildparks oder Rennbahnen oder herrschaftliche Gärten u. s. w. zu machen, und nehmen keinen Anstand, die Ansiedler oder Einwohner zu diesem Zweck unbarmherzig auszutreiben; und Ähnliches geschieht, wenn auch nicht in gleich hohem Grade, wie in England, überall. So besitzen in Deutschland die zehn grössten Grundbesitzer ein Neuntel der gesamten angebauten Bodenfläche Deutschlands, während Frankreich hinsichtlich der Verteilung von Grund und Boden weit besser daran ist. Sogar in Amerika, wo doch Überfluss an Grund und Boden vorhanden ist, machen sich die traurigen Folgen des privaten Bodenbesitzes bereits in solcher Weise geltend, dass die bekannte Schrift des Amerikaners H. George über Fortschritt und Armut, worin jener Besitz als Hauptquelle des sozialen Übels dargestellt wird, Millionen von Lesern finden konnte. Es war eine der thörichtesten und zugleich ungerechtesten Handlungen oder Versäumnisse der amerikanischen Staatsverwaltung, dass sie nicht, was ihr ein Leichtes gewesen wäre, das unermessliche Landgebiet, das ihr zu Gebote stand, von vornherein für National-Eigentum erklärte und parzellenweise an Private verpachtete, sondern dasselbe teils an Monopolisten und Privatgesellschaften verschenkte, teils zu Schleuderpreisen an Private wegwarf, teils der willkürlichen Besitzergreifung überliess. Eine Ausnahme hat man nur mit dem grossen Nationalpark im Staate Colorado gemacht, welcher beinahe so gross ist, wie das Königreich Sachsen — aber nicht zu nationalökonomischen, sondern zu Zwecken des Privatvergnügens für Reiche und Vermögende. Hätte man es mit dem gesamten Grund und Boden so gemacht, so müsste jetzt ein unermesslicher, nicht zu erschöpfender Nationalreichtum des amerikanischen Volkes die Folge sein, während dieser riesige Schatz jetzt nur dem Privatnutzen dient. Am auffallendsten und ungerechtesten erscheint ein solcher Privatnutzen dort, wo durch einfache Vermehrung der Bevölkerung der Wert des Grundeigentums oft bis in das Ungemessene steigt, wie namentlich in der Mitte und Nähe wachsender Grossstädte, wo oft Landstrecken, welche vorher beinahe keinen Wert hatten, binnen kurzer Zeit zu wahren Goldfeldern für ihre Besitzer werden, — und zwar ohne jedes eigne Zuthun oder Verdienst der letzteren, lediglich durch den Fleiss und die Thätigkeit der Gesamtheit, welche nichtsdestoweniger dieses Resultat ihres Fleisses ohne jeden Abzug dem einzelnen Privateigentümer in den Schoss wirft.

Was nun die Art und Weise des Übergangs des Privatbesitzes an Grund und Bodens in denjenigen des Staates oder der Gesamtheit betrifft, so ist dieses eine sekundäre Frage, welche von den verschiedenen Verteidigern der Bodenbesitzreform in verschiedener Weise beantwortet wird. Es versteht sich dabei von selbst, dass von einer gewaltsamen Aneignung nicht die Rede sein kann, sondern nur von einer Ablösung der Rente oder des Bodens selbst gegen mässige und abschätzungsweise festzustellende Entschädigung. Denn, wenn sich auch, wie nachgewiesen, sehr viele und vielleicht gerade die bedeutendsten Besitztitel an Grund und Boden nicht aus rechtlichem Erwerb, sondern aus den Zeiten der Gewalt herschreiben, so darf doch, da nach Verlauf so langer Zeit Untersuchungen über die Rechtlichkeit der Erwerbstitel nicht mehr angestellt und die Nachkommen nicht für die Sünden der Voreltern verantwortlich gemacht werden können, niemand in seinen jetzt bestehenden Rechtsansprüchen gekränkt oder benachteiligt werden.

Die weitgehendste Art und Weise wäre ein Rückkauf nach vorheriger Abschätzung — wobei kleinere Güter oder Grundstücke nach ihrem vollen Wert bezahlt, sehr grosse aber einer gewissen Reduktion des Preises unterworfen werden müssten, — entweder gegen bar oder gegen eine in Form von Pfandbriefen auszugebende Staatsrente. Allerdings würden hierzu für den Anfang grosse Geldmittel notwendig sein; aber sie würden kein ernstliches Hindernis bilden, wenn durch Annahme meines zweiten Vorschlags auf Einschränkung der Erbrechte der ganze Bodenbesitz oder wenigstens der grösste Teil desselben im Laufe eines oder weniger Menschenleben an den Staat zurückfallen würde. Dazu käme sodann der durch Zunahme der Bevölkerung und rationellere Bewirtschaftung des Bodens im Grossbetrieb fort und fort steigende Bodenwert, welche Steigerung unter allen Umständen, als durch die Gesamtheit erarbeitet, auch der Gesamtheit oder dem Staate zu Gute kommen müsste.

Die erklärten Anhänger der Bodenbesitzreform, welche sich in Deutschland zu einem besonderen „Bund" mit einer Anzahl von Zweigvereinen zusammengethan haben und im Besitze eines besonderen, in Berlin erscheinenden Organs unter dem Titel „Freiland" sind, scheinen in ihrer Mehrzahl der Ansicht zu sein, dass „die Überführung des Grundbesitzes, bez. der Grundrente, aus den Händen einzelner in die Hände der Gesamtheit", welche laut Statut den Zweck ihrer Bestrebungen bildet, hinreichend sei, um, wenn auch nicht unmittelbar, so doch mittelbar eine vollständige Lösung der sozialen Frage herbeizuführen. Sie erwarten davon durch Beseitigung des Hypothekenwesens in letzter Linie die Beseitigung der Macht des Privatkapitals an Grund und Boden, sowie derjenigen des mobilen Kapitals überhaupt, indem sie den überwiegenden Privatbesitz an Grund und Boden für die Ursache aller sozial-wirtschaftlichen Drangsale und für die Grundlage aller wirtschaftlichen Unfreiheit erklären. Namentlich wird dadurch nach Backhaus (a. a. O.) dem „furchtbar wütenden Schrecknis" des Dämons Zins, welcher noch weit fürchterlicher ist, als der Kriegsdämon, weil er keinen Frieden kennt und sich ununterbrochen vermehrt, ein gewisser Halt geboten werden. Der Zins hat die ganze Gesellschaft in ein einziges grosses Kriegslager verwandelt, in welchem ihm täglich Menschenopfer ohne Zahl dargebracht werden. Denn unter der Herrschaft des Privatbodenmonopols und seiner Wirkungen ist die überwältigende Mehrheit jedes Volkes den Grossgrundherren und Grosskapitalisten in ähnlicher Weise zinspflichtig geworden, wie seinerzeit die kleinen Bürger Roms und die unterjochten Völker den römischen Latifundienbesitzern und Grosskapitalisten zinspflichtig waren.

Wenn nun Verfasser bloss im Sinne der bisherigen Schule der Bodenbesitzreformer zu reden hätte, so könnte er hier abbrechen, da diese Schule, wie gesagt, Gründe zu haben glaubt, um von der Verwirklichung ihrer Bestrebungen eine endgültige Beseitigung des sozialen Elends zu erwarten. Da er aber diese Erwartung nicht zu teilen vermag, so ist er genötigt, im Sinne seines tiefer gehenden Ausgleichs in den Mitteln, mit denen der Einzelne seinen Kampf um das Dasein zu bestehen hat, zur Erörterung seines zweiten Vorschlags hinsichtlich der Beschränkung, bezw. Beseitigung der Erbrechte oder des Erbkapitalismus überzugehen.

Verfasser ist sich wohl bewusst, dass er mit diesem Vorschlag gewissermassen in ein Wespennest sticht und sich auf kritische Anfeindungen jeder Art gefasst machen muss. Denn wo das persönliche Interesse des Einzelnen in das Spiel kömmt, da hat jede ruhige und gerechte Überlegung ein Ende. Das Recht, seinen Kindern und Kindeskindern dasjenige zu hinterlassen, was er selbst erworben hat, will sich niemand nehmen lassen. Auch hat der Einzelne darin vollkommen recht, solange er sich auf dem Boden der bestehenden gesellschaftlichen Verhältnisse weiss. Aber ein ganz anderes ist es, wenn der Sozialreformer Verhältnisse voraussieht, welche ganz anders geartet sind und geartet sein müssen. Denn so wie politische Revolutionen nicht mit Rosenwasser gemacht werden, so können auch soziale Reformen von erfolgreicher Wirkung nicht mit halben oder unzureichenden Massregeln gemacht werden. Übrigens darf ich mich zur Unterstützung meines Vorschlags vor allen Dingen darauf berufen, dass die Erbschaftssteuer längst als eine der gerechtesten und am wenigsten drückenden anerkannt und angewendet worden ist, und dass man derselben nur eine grössere Ausdehnung, namentlich in der indirekten Erbfolge, zu geben braucht, um meinem Vorschlage mehr und mehr nahe zu kommen. Auch mehren sich die Anhänger einer solchen Idee der Besteuerung in der gelehrten wie ungelehrten Welt von Jahr zu Jahr, und es fehlt nicht an angesehenen, selbst konservativen Staatsrechtslehrern, welche sich im Prinzip dafür aussprechen, wie Brinz, Roscher, Marlo, Umpfenbach, Schäffle, Pfizer, Bluntschli, Baron, Hallier u. s. w. Dass die eigentlichen Sozialisten zustimmen, versteht sich beinahe von selbst. Schon der Basler Internationale Arbeiterkongress von 1869 hat Abschaffung des privaten Grundeigentums und des Erbrechts in sein Programm aufgenommen; und der französische kollektivistische Sozialisten-Kongress von 1880 setzte als letzten Punkt seines Programms „Abschaffung des Erbrechts für Seitenverwandte und jedes direkten Erbrechts von mehr als 20000 Franks" fest. Auch das Programm der englischen Radikalen acceptiert ganz und voll die beiden genannten Forderungen. Unter den neueren Schriftstellern radikaler Richtung hat sich namentlich Max Nordau in seinem berühmten Buch über die konventionellen Lügen der Kulturmenschheit mit durchschlagenden Gründen auf den Boden dieser Anschauung gestellt. Nach meiner Meinung ist eine solche Reform der Erbrechte oder eine Beschränkung, resp. Abschaffung des Erbkapitalismus eine einfache Forderung der sozialen Gerechtigkeit. Denn niemand wird es als dieser Forderung entsprechend ansehen können, dass unter den Menschen, welche, wenn auch mit verschiedenen Eigenschaften, doch mit demselben Anrecht an Existenz auf die Welt kommen, der eine gewissermassen mit dem Breilöffel, der andre mit dem Hungerlutscher im Munde geboren wird. Niemand wird es als Ausfluss natürlicher Gerechtigkeit betrachten können, wenn der eine schon in der Wiege auf Millionen sich wälzt oder einen grossen Teil des Grundes und Bodens, welcher allen gehören sollte, sein eigen nennt, ohne dass er das geringste persönliche Verdienst dabei hat, während der andre, wie des Menschen Sohn, nicht weiss, wo er sein Haupt hinlegen soll, um von den Mühen und Lasten seines armseligen Daseins auszuzuruhen. Man vergegenwärtige sich die Caprice jenes reichen Engländers, welcher sein ganzes grosses Vermögen einer ihm persönlich ganz fremden Dame vermachte, bloss weil er Gefallen an ihrer schönen Nase gefunden hatte, und ähnliche Beispiele einer total unsinnigen Vererbung an unbedürftige Erben. Man denke an die Vermächtnisse an die tote Hand oder an die Kirche, welche nur zum Schaden der Allgemeinheit verwendet werden, an die hässliche Erbschleicherei, an die zahllosen Erbstreitigkeiten, welche oft die tiefste Entzweiung ganzer Familien herbeiführen und den hässlichsten Trieben der Menschennatur Nahrung geben, an die Nachteile der Fideikommisse, an die durch stete Vererbung aufrechterhaltenen ungeheuren Privatvermögen, welche einen Staat im Staate, eine Geldmacht innerhalb der Staatsmacht darstellen, an die Vererbung an ganz entfernte Seitenlinien, deren Angehörige den Erblasser nie gesehen oder gekannt haben u. s. w. Das sog. Testament oder freie Verfügungsrecht über die Hinterlassenschaft ist auch durchaus kein Ausfluss des Naturrechts, sondern eine Erfindung späterer Zeiten, wahrscheinlich römischen Ursprungs; es war

z. B. im alten Deutschland ganz unbekannt. Die älteste Stufe des Eigentums war vielmehr, wie die ausgezeichneten Untersuchungen von Laboulaye und Laveleye über die Entstehung der Eigentumsbegriffe nachgewiesen haben, das Gemein-Eigentum. Erst das römische Recht mit seiner übermässigen, bereits erwähnten Betonung des Individualismus und der persönlichen Besitz- und Eigentumsrechte machte dem ehemaligen Zustand der Dinge ein Ende und trieb die letzteren im Sinne des persönlichen Egoismus auf die Spitze — ein Verhältnis, an dem wir heute noch leider schwer zu kranken haben. Heute hat, wie Lavelaye sagt, das Eigentum seinen ehemaligen sozialen Charakter ganz verloren. Vollständig verschieden von dem, was es im Anfang war, hat es nichts Gemeinsames mehr an sich. Privilegiert, fessellos, ohne Rückhalt oder Verpflichtung scheint es, ohne Rücksicht auf die Interessen der Gesamtheit, keinen andern Zweck als das Wohlsein des Individuums zu verfolgen u. s. w.

„Das Eigentumsrecht," sagt Laboulaye in seiner preisgekrönten Schrift über die Geschichte dieses Rechts, „ist eine Schöpfung der Gesellschaft ... Jedesmal wenn die Gesellschaft etwas darin ändert, ist sie in ihrem Recht, und niemand kann sich dagegen im Namen eines ältern Rechtes auflehnen; denn vor ihr und nach ihr gibt es nichts. In ihr ruht die einzige Quelle und der Ursprung des Rechts."

Der Einzelne darf sein Erworbenes oder Ererbtes schon um deswillen nicht beliebig verschenken, weil sein Erwerb kein rein persönlicher, sondern nur möglich ist in der Gesellschaft und durch deren Mitwirkung. Eines der eklatantesten Beispiele dieser Art ist die bereits erwähnte enorme Wertsteigerung des Grundes und Bodens im Innern und in der Umgebung grosser, in der Entwicklung begriffener Städte, welche dem einzelnen Besitzer ohne jedes eigne Verdienst Millionen in den Schoss wirft und der Gesamtheit durch die enorme Steigerung der Wohnungsmieten keinen Nutzen, sondern nur Schaden bringt. Es ist ein Zustand förmlicher Lohnsklaverei der Nicht-Besitzenden gegenüber den Besitzenden, welchem durch die Gesetzgebung längst ein Damm hätte entgegengesetzt werden sollen.

Selbstverständlich könnte eine so durchgreifende soziale Massregel, wie die Beschränkung der Erbrechte, nicht plötzlich oder auf einmal, sondern nur allmählich und ohne allzu grosse oder allzu plötzliche Beleidigung privater Interessen in das Leben gerufen werden. Aber gerade in dieser Möglichkeit einer allmählich sich steigernden Einführung liegt ein Hauptvorteil des Vorschlags, wobei Praxis und tägliche Erfahrung der Theorie jederzeit zur Hülfe kommen oder unter die Arme greifen können. Auf diesem Wege wird es auch nicht schwer werden, zu einer Entscheidung darüber zu kommen, ob man bis zu einer gänzlichen Aufhebung der Erbrechte oder nur bis zu einer gewissen Grenze der Einschränkung gehen soll.

Der Hauptnutzen oder Hauptvorteil des ganzen Vorschlags besteht in dessen ausgleichender Gerechtigkeit oder darin, dass jeder nur die Früchte seines eignen Fleisses, seiner eignen Thätigkeit und nicht diejenigen der Thätigkeit oder des Glücks seiner Vorfahren ohne jede eigne Bemühung geniessen würde. Söhne reicher Eltern haben in der Regel das Privileg, roh, unwissend, faul oder lüderlich zu sein, so dass grosser, namentlich unverdienter Reichtum oft mehr zum Fluch als zum Segen wird. Von Geburt Reiche oder

Vornehme werden von den meisten Menschen als Wesen höherer Art angesehen, denen man sich nur mit einer gewissen scheuen Ehrfurcht nähern dürfe, obgleich diese Drohnen der Gesellschaft weit unter denen stehen, welche ihr Leben selbst gemacht haben. Dem berühmten und berüchtigten Ausspruch Proudhons „Eigentum ist Diebstahl" liegt insofern ein sehr berechtigter Gedanke zu Grunde, als nur der durch eigne Arbeit erworbene Besitz rechtmässiges Eigentum genannt werden kann, während der ohne eigne Bemühung ererbte Besitz sehr wohl als eine Art von Diebstahl an dem Vermögen oder an der Arbeitskraft der Gesamtheit betrachtet werden kann. Denn wenn der durch Erbschaft reich gewordene Teil der Gesellschaft bis zu einem gewissen Grade in einem Zustand von Wohlsein und verhältnismässigem Nichtsthun lebt, so ist dieses nur dadurch möglich, dass er sein Geld für sich arbeiten lässt, d. h., da das Geld nicht selbst arbeitet, durch die Leiden, die Arbeit und die Entbehrung ärmerer Mitmenschen, welche den Zins aufzubringen haben. Nicht dasjenige Eigentum soll angetastet werden, welches durch eignen Fleiss und eigne Sparsamkeit erworben worden ist, sondern nur dasjenige in gewissen Schranken gehalten werden, welches seine Entstehung dem Fleisse oder den Glücksumständen anderer verdankt. Wer darin eine Ungerechtigkeit erblicken wollte, müsste seine eignen Begriffe von Gerechtigkeit haben.

Ein weiterer nicht hoch genug zu veranschlagender Nutzen oder Vorteil meines Vorschlags besteht darin, dass durch dessen Ausführung der übermässigen Anhäufung grosser Privatvermögen in einzelnen Händen, welche, wie bereits bemerkt, einen Staat im Staate, eine Geldmacht gegenüber der

Staatsmacht darstellen, eine unübersteigliche Schranke gesetzt wird. Die enormen Nachteile einer solchen Anhäufung in politischer Beziehung sind namentlich dort bemerkbar, wo, wie z. B. in Amerika, die unglückliche Manchesterdoktrin herrschend ist, und wo mitunter grosse oder reiche Eisenbahngesellschaften einen ganzen Staat politisch völlig in der Gewalt haben. Die amerikanischen Eisenbahn-Direktoren spielen bei der enormen Ausdehnung und Wichtigkeit des dortigen Eisenbahnwesens in der Gegenwart eine ähnliche Rolle, wie sie die Feudalherren des Mittelalters gespielt haben, und brechen in Folge schlechter Verwaltung oder mangelhaften Bahnbaues jedes Jahr einigen hundert oder tausend Personen beinahe ungestraft die Hälse oder mindestens Arme und Beine. Ja, man verhehlt sich in Amerika nicht die Gefahr, dass sich mit der Zeit das Eisenbahn-Monopol sogar den Congress und die Bundesregierung dienstbar machen werde. Aber auch in Europa liegt die Gefahr oder Möglichkeit vor, dass der Einfluss grosser Geldmächte unter Umständen im Stande ist, über Krieg und Frieden zu entscheiden oder parlamentarische Körperschaften unter ihren Willen zu beugen. Ist ja doch das Geld heutzutage eine alles bestimmende Macht und Gott Mammon der einzige Gott, zu dem noch mit wahrer Inbrunst gebetet zu werden pflegt!

Der letzte und hauptsächlichste Vorteil meines Vorschlags beruht aber darin, dass der Staat, ohne die verhasste Steuerschraube in Anwendung bringen zu müssen, auf die leichteste Weise in den Besitz hinreichender Geldmittel kommt, um alle im Interesse der Allgemeinheit notwendigen Massregeln durchführen zu können, wie Erziehung und Erhaltung der Kinder, wo die Einzelfamilie dazu nicht ausreicht, Unentgeltlichkeit des gesamten Unterrichts, Versorgung von Witwen und Waisen, Abschaffung des Pauperismus und unverschuldeter Arbeitslosigkeit, Beschaffung der Arbeits- oder Produktionsmittel, Besorgung des Verkehrswesens u. s. w. Wenn man bedenkt, dass nach den Veröffentlichungen des preussischen Finanzministeriums allein in Preussen jährlich zwölfhundert Millionen Mark vererbt werden — eine Schätzung, welche übrigens nach andern viel zu gering ist und auf mehr als das Doppelte veranschlagt werden kann — so erhellt daraus, wie gross das Erträgnis einer solchen Massregel, obendrein im Verein mit dem staatlichen Bezug der Bodenrente, sein müsste.

Natürlich hat man gegen dieselbe und ihre Ausführbarkeit eine Menge von Einwänden bereit, unter denen die zu befürchtende Beeinträchtigung des Erwerbstriebs, die Gefahr der Verschwendung und die Umgehung des Gesetzes durch Schenkung unter Lebenden neben befürchteter Schädigung der Familie die Hauptrolle spielen. Ein näheres Eingehen auf diese Einwände würde die Grenzen dieser kleinen Schrift überschreiten. Ich muss mich daher begnügen, auf mein Buch über die „Stellung des Menschen in Natur und Gesellschaft" zu verweisen, in dessen dritter Abteilung ich jene Einwände genügend entkräftet zu haben glaube, und wo auch im Anschluss daran die wichtige Kapitalfrage eingehend erörtert ist.

Nur das mag hier nicht unerwähnt bleiben, dass der Einfluss des Erbrechts im Vergleich mit dem Eigentumsrecht als Antrieb zur Arbeit als ein ziemlich untergeordneter betrachtet werden darf. Allerdings können wir alle Tage von solchen, welche einer übertriebenen Sparsamkeit huldigen und unnötigerweise Schätze aufhäufen, die Versicherung hören, dass sie nur für ihre Kinder sparten. Aber derjenige müsste ein schlechter Kenner der menschlichen Natur sein, der dieser Versicherung einen mehr als sehr bedingungsweisen Glauben beimessen wollte. Man spart zumeist für sich selbst und aus Freude am Besitz und betrügt nur sich oder andere mit dem Vorwand, dass man es der Nachkommen halber thue, — was ja schon daraus erhellt, dass gerade unter denjenigen, welche keine Leibeserben haben, die grössten Geizhälse und Sparsimpel angetroffen werden. Im Gegenteil würde es ein viel natürlicherer Gesichtspunkt sein, wenn solche, die ihre Reichtümer oder ihren Wohlstand durch eigne Anstrengung erworben haben, von ihren Kindern oder Erben dieselben Anstrengungen, dieselbe Arbeit verlangten oder erwarteten, statt dass sie sich mit Anstrengung aller Kräfte bemühen, denselben ein Lotterbette zu bereiten, auf dem sie sich von Kindesbeinen an nur behaglich auszustrecken haben. Wir könnten in dieser Beziehung von den Tieren lernen, welche ja auch mit rührendster Sorgfalt für die Ernährung und Erziehung ihrer Kleinen sorgen, aber dieselben von dem Augenblick an, wo sie im stande sind, sich durch eigne Anstrengung zu erhalten, sich selbst überlassen. So sollte es *mutatis mutandis* auch bei den Menschen sein. In der That hat sich Verfasser während seines Aufenthaltes in Amerika erzählen lassen, dass dort, namentlich in der Stadt Newyork, sehr reiche Familien die Gewohnheit haben, einen grossen oder grössten Teil ihres Vermögens wissenschaftlichen, künstlerischen oder humanitären Anstalten zuzuwenden oder zur Gründung sog. Philantropien herzugeben und ihre Angehörigen auf diese Weise zur Arbeit zu zwingen, geleitet von der Erfahrung, dass Söhne sehr reicher Familien in dem Bewusstsein dieses Reichtums sehr häufig in Faulheit und Liederlichkeit verderben. Aber im ganzen mögen dieses wohl nur rühmliche Ausnahmen sein. Denn Reichtum und Geld bergen leider eine dämonische Gewalt der Anziehung in sich, welche diejenigen, die einmal auf diesem Wege sind, nicht ruhen und die Begierde nach mehr in demselben Grade wachsen lässt, in welchem dieselbe befriedigt wird.) Der Durst nach Geld und Besitz hat daher das Eigentümliche, dass er durch Befriedigung nicht gestillt, sondern nur stärker angeregt wird. Gleichzeitig übt diese Befriedigung bei der Mehrzahl der Menschen einen nachteiligen Einfluss auf den Charakter aus, macht geizig, hartherzig und egoistisch und gibt nur ausnahmsweise einzelnen Anlass, mit ihrem Reichtum aus eignem innerem Antrieb den schönen und edlen Seiten der menschlichen Natur Genüge zu thun.

Alledem wird ein klug angelegtes Erbschaftssteuergesetz, welches das Erbschaftsamt ermächtigt, die Erbschaften im Namen des Staates mit Beschlag zu belegen und die Erbschaft, soweit es notwendig und zweckmässig ist, für die Kinder, im übrigen aber für den Staat zu verwalten, auf die wohlthätigste Weise entgegenwirken. Es wird der übertriebenen Sparsamkeit, dem Geiz, der Habgier, dem nutzlosen Aufspeichern und der allzu grossen Anhäufung des Reichtums in den Händen einzelner einen gewissen Damm entgensetzen, ohne dabei den Einzelnen desjenigen Antriebs zum Erwerb zu berauben, welcher in der ersten Sorge für die Nachkommenschaft und in der Liebe zur Arbeit ruht.

Denn, wie Prof. Hallier*) treffend bemerkt, „es kann kaum etwas Ehrloseres geben, als die Arbeit als eine Last zu betrachten und sie nicht um ihrer selbst willen hochzuschätzen. Wer gesund ist und bei guten körperlichen oder geistigen Kräften, für den ist die Arbeit der höchste Lebensgenuss. Und der Reiche sollte so ehrlos sein, sich auf die Faulbank zu legen, weil er weiss, dass der Mehrerwerb nicht zum Verderben seiner Kinder, sondern zum Wohl des Staates, zum Wohl seiner Mitbürger verwendet wird? Ist jemand mit Glücksgütern gesegnet, so hat er doppelt und dreifach die Pflicht, sich durch Arbeit dieser Güter wert zu zeigen. Der Müssiggänger ist ehrlos."

Im Anschluss an diese schönen Worte darf man die gegründete Hoffnung aussprechen, das Bewusstsein, dass er mit seiner Arbeit nicht bloss für sich und die Seinigen, sondern auch bis zu einem gewissen Grade für die Gesamtheit wirkt, werde erhebend und veredelnd auf den Einzelnen wirken und damit jenen Zustand vorbereiten helfen, wo das Glück des Einzelnen mit dem Glück der Gesamtheit zusammenfällt, und wo somit der Einzelne das, was er auf der einen Seite zu verlieren glaubt, auf der andern wieder mit Zinsen zurückerhält.

Was meinen dritten und letzten Vorschlag betrifft, so geht derselbe, wie bereits gesagt, auf Umwandlung des Staates in eine grosse, allgemeine, solidarisch verbundene Versicherungsgesellschaft gegen Alter, Krankheit, Unfall, Invalidität, unverschuldete Not und Tod. Schon mit dieser einen Massregel würde der grösste Teil des sozialen Elends mit einem Schlage aus der Welt geschafft und die kostspielige,

---

*) Die sozialen Probleme und das Erbrecht. München 1892.

oft mehr Schaden als Nutzen bringende Armenpflege entbehrlich gemacht werden. Es würde keine Elenden und Verlassenen ohne eigne Schuld mehr geben, und das grosse Prinzip gesellschaftlicher Gegenseitigkeit würde zur Richtschnur nicht bloss für einzelne Kreise, sondern für die ganze menschliche Gesellschaft werden. Die Gesellschaft selbst mit ihren verschiedenen Gliederungen würde dabei keine Änderung erleiden, sondern gerade so fortbestehen, wie bisher, und jedem Einzelnen würde gegeben oder geholfen werden je nach seinen Verhältnissen oder Bedürfnissen, seiner Lebenslage, seiner sozialen Stellung und nach den Opfern, welche er durch seine Arbeit oder sein Vermögen zur Erhaltung des Staates bringt oder gebracht hat. Allerdings wird man entgegnen, dass diese Opfer dadurch nicht vermindert, sondern wesentlich erhöht werden müssten. Aber eine solche Rücksicht kann nicht in das Gewicht fallen gegenüber den enormen Vorteilen einer derartigen Einrichtung, auch würde die Last dadurch, dass sie auf den Schultern aller Staatsbürger ohne Ausnahme ruht, für den Einzelnen nicht allzuschwer werden. Man vergesse nicht, welche enormen Opfer jetzt schon von privater Seite für alle die verschiedenen Versicherungs- und Ersparniszwecke gebracht, und welche kaum mehr erschwingliche Lasten den Gemeinden durch die fortwährend steigenden Ausgaben für Armenpflege auferlegt werden. Auch übersehe man nicht den enormen moralischen Vorteil, welcher darin liegt, dass jeder in dem Bewusstsein lebt und arbeitet, dass er nicht jeden Augenblick unverschuldet ein Ausgestossener oder Verlassener der Gesellschaft werden, oder dass seine Hinterbliebenen nicht die Beute des Hungers und Elends werden können; man vergesse endlich nicht, dass die materiellen Opfer, welche der Staat fortwährend zur Abwehr der Verbrechen gegen Person und Eigentum aufzuwenden genötigt ist, um ein sehr Bedeutendes reduziert werden müssten. Wenn der Staat, wie dieses z. B. im Grossherzogtum Hessen geschieht, jeden einzelnen Gebäudebesitzer zwingt, an einer staatlichen Versicherung seines Besitzes gegen Feuersgefahr teilzunehmen, und auf diese Weise eine Solidarität aller hausbesitzenden Staatsbürger gegen Schädigung ihres Eigentums durch Feuer herstellt, warum soll er nicht das Recht haben, die gleiche Solidarität der Staatsbürger gegen die weit bedenklichere Schädigung durch Krankheit, Alter, Invalidität und Tod herzustellen? Und wie leicht und einfach würde eine solche Maschinerie zu lenken oder zu leiten sein im Vergleich mit den komplizierten und persönlich belästigenden Gesetzesbestimmungen des Bismarckschen Staatssozialismus, in dem sich kaum ein Rechtsgelehrter zurechtzufinden vermag.

Immerhin ist es mit Freuden zu begrüssen, dass die Einführung dieses Staatssozialismus den schlagenden Beweis dafür geliefert hat, dass die Notwendigkeit einer meinem Vorschlag ähnlichen Massregel in offiziellen wie parlamentarischen Kreisen genügend anerkannt ist. Nur wird man dabei leider allzusehr an das bekannte Sprichwort erinnert: „Wasch mir den Pelz und mach mich nicht nass." An sich recht verdienstlich, ist dieser Staatssozialismus doch nur ein schwacher Versuch auf dem Wege sozialer Reformen und ganz unfähig das soziale Elend als solches zu heben. Ja er kann insofern gefährlich werden, als er, weil er nicht halten kann, was er verspricht, zu schädlichen Täuschungen führt und damit radikaleren Reformen entgegenwirkt. Dasselbe gilt von den vielen Privatwohlthätigkeitsanstalten gegen Bettel, Trunksucht, Armut, Arbeitslosigkeit, Wohnungsnot u. s. w., sowie von den Bestrebungen zur religiösen, sittlichen oder intellektuellen Hebung der unteren Volksklassen oder zur Hebung der landwirtschaftlichen Kleinbetriebe oder zur gemeinsamen Beschaffung von Produktions- und Konsumtionsmitteln auf dem Weg der Selbsthilfe, oder von den Versuchen, das alte Innungswesen wieder neu zu beleben oder durch Feststellung eines Normallohnes und einer Normalarbeitszeit die Lage der arbeitenden Klassen zu verbessern, und dergl. Alle diese Dinge sind, wie Backhaus (a. a. O.) richtig bemerkt, Scheinmittel, Schönheitspflästerchen, welche wohl hier und dort den Anblick der sozialen Not verbergen oder eine vorübergehende Linderung herbeiführen, aber in der Tiefe das Übel weiter wuchern lassen.

Ebenso unzureichend wie der Staatssozialismus ist das private Versicherungswesen und dabei mit so vielen und grossen Nachteilen behaftet, dass daraus Bismarcks Plan zur Verstaatlichung des Lebensversicherungswesens hervorwuchs, ein Plan, welcher bekanntlich an dem Widerspruch der Parlamentarier und Manchester-Männer gescheitert ist. Übrigens ist mein Vorschlag wesentlich verschieden von jenem Plan, da nach demselben die Versicherung nicht freiwillig, sondern obligatorisch für jeden Staatsbürger sein soll, je nach dessen Stand, Vermögenslage oder Arbeitsverdienst. Sollten die Staatseinkünfte für den beabsichtigten Zweck nicht ausreichen (was bei Annahme meiner beiden ersten Vorschläge kaum denkbar wäre), so müsste der Versicherungsbeitrag als Steuer erhoben werden, so lange der Versicherte arbeitsfähig ist.

Die Ausführung weiterer Einzelheiten würde auch hier wieder zu weit führen. Ich erlaube mir daher auf einen im zweiten Band meiner Schrift „Aus Natur und Wissenschaft" enthaltenen Aufsatz über die Übernahme des Lebensversicherungswesens durch den Staat zu verweisen.

Dieses sind die Grundzüge der von mir in Vorschlag gebrachten Sozialreform im Gegensatz zu derjenigen der Sozialdemokratie, einer Reform, welche selbstverständlich nur auf friedlichem Wege durchgeführt werden soll und kann, und zwar nur durch Gewinnung einer grösseren Zahl einflussreicher Männer auf dem Wege allmähliger Überzeugung.

Zwar versichert uns die Sozialdemokratie ebenfalls, dass sie nur auf friedlichem Wege ihr Ziel zu erreichen wünsche; aber dieses dürfte doch nur eine Klugheits-Versicherung sein. Schon das Wort „Demokratie" deutet auf Volksherrschaft iund damt auf eine Umwälzung der politischen Verhältnisse. Ehe ich indessen auf nähere Darlegung des wichtigen Unterschiedes von Sozialreform und Sozialdemokratie eingehe, bedarf es vorher der Bemerkung, dass meine Vorschläge gar nichts mit Kommunismus zu thun haben. Ich beabsichtige weder eine Aufhebung des Privateigentums, noch eine Beschränkung der persönlichen Freiheit, sondern ganz im Gegenteil eine grössere Entfaltung oder Entwicklung der letzteren durch Entfernung der den Einzelnen hemmenden Schranken im Kampfe um das Dasein, sowie dadurch, dass im Notfall die Ergreifung der hilfreichen Hand des Staates jedem offen steht, letzteres nicht als ein Almosen, sondern als ein durch geleistete Arbeit erworbenes Recht. Wer unter solchen Umständen und bei freier Bahn für Entfaltung seiner Kräfte nichts leistet, der verdient sein Schicksal. Er geht nicht an den Umständen oder an der Ungerechtigkeit der Gesellschaft, sondern an sich selbst zu Grunde.

Zwar ist der Kommunismus an sich durchaus nicht etwas

so Schreckliches und Monströses, wie sich die meisten Menschen vorzustellen pflegen. Man kann sich, wie bereits bemerkt, sehr wohl einen Staat auf kommunistischer Grundlage vorstellen, in welchem alles Besitztum gemeinsam und die Arbeit ganz freiwillig sein würde — vorausgesetzt, dass die durch lange Jahre und entsprechende Gesellschaftszustände grossgezogenen egoistischen Triebe und Neigungen der menschlichen Natur sich in altruistische umgewandelt hätten, was natürlich nur sehr langsam und allmählich geschehen könnte. Auch sind durchaus nicht alle bis jetzt bekannten kommunistischen Versuche misslungen, und da, wo sie misslungen sind, ist dieses oft weniger Folge innerer Unmöglichkeit, als vielmehr des Drucks äusserer ungünstiger Umstände inmitten einer auf ganz anderen Grundlagen aufgebauten Gesellschaftsordnung gewesen.*) Besteht doch schon im jetzigen Staats- und Gemeindeleben eine nicht geringe Menge kommunistischer Einrichtungen, die sämtlich, wenn die einseitige und engherzige Manchester-Doktrin richtig wäre, mehr oder weniger ausgemerzt werden und der fast immer unzureichenden Privatthätigkeit überlassen bleiben müssten. Man denke nur an die Steuern und deren mannigfache Verwendung zu Zwecken des Gemeinwohls, an die Staatsschulden, an denen jeder Einzelne partizipiert, an die Militärpflicht, welche jeden Einzelnen nötigt, selbst Leben und Gesundheit im Interesse der Gemeinschaft aufzuopfern, an die sog. Expropriationsgesetze, an das vom Staat auf öffentliche Kosten geleitete Unterrichtswesen und an den Schul-

---

*) Entsprechende thatsächliche Nachweise für diese Behauptung finden sich in meiner öfter zitierten Schrift über den Menschen (S. CXXXXI—CXXXXV.)

zwang, an Eisenbahnen, Strassen und öffentliche Bauten, an Staatsposten und Staatstelegraphen, an das öffentliche Gesundheitswesen, an Gemeinde-Versorgung und Armenpflege, an staatliche Massregeln zur Hebung der Landwirtschaft, an die staatliche Beaufsichtigung von Fabriken, Bergwerken, Banken, Häuserbau u. s. w., an öffentliche Brunnen, Museen, Bibliotheken, Promenaden, Versorgungshäuser, Hospitäler u.s.w. Alle diese Dinge, jede Besteuerung der Bürger von Staats- und Gemeindewegen zu andern Zwecken, als Polizei, Rechtspflege und Militär, also für den Schutz des Individuums nach innen und aussen, sind mehr oder weniger sozialistische oder kommunistische Einrichtungen, welche der Manchester-Doktrin, die in dem Staat nur eine Polizei-Anstalt zur Sicherung von Person, Eigentum und öffentlicher Sicherheit erblickt, also denselben gewissermassen die Rolle eines bezahlten Schutzmannes spielen lässt, direkt zuwiderlaufen.

Aber alles dieses hindert nicht, dass zur Zeit eine noch so starke und allgemeine Abneigung der Menschen gegen jede Art kommunistischer Staatsgestaltung besteht, dass jedes weitere Wort darüber als überflüssig erscheint. Es müssten erst, wie gesagt, lange Jahre des Altruismus und Kollektivismus vorausgegangen sein, um dieser Abneigung einigermassen Herr werden zu können.

Einstweilen muss es genügen, wenn man im Stande sein wird, an der Hand der von mir gemachten Vorschläge eine grössere Ausgleichung zwischen Staats- und Privatbesitz oder zwischen den Interessen des Einzelnen und denen der Gesamtheit herbeizuführen. Es ist dasselbe Programm, welches der berühmte National-Ökonom Schäffle in seiner „Quintessenz des Sozialismus" aufgestellt hat, indem er diese

Quintessenz in der Ersetzung des Privatkapitals durch das Kollektiv-Kapital findet. Auch stimmt es im wesentlichen mit dem erweiterten Programm, welches Bebel in seiner Schrift über „die Frau" für den Sozialstaat der Zukunft voraussetzt, wenn er verlangt, dass die Begriffe von Staat und Gesellschaft sich künftighin decken, und dass der heutige Gegensatz zwischen sozialer und politischer Organisation verschwinden solle.

Die Wohlthätigkeit einer solchen Einrichtung oder einer Versöhnung zwischen Einzel- und Gesamt-Interessen kann nicht besser deutlich gemacht werden, als durch eine Vergleichung des staatlichen Organismus mit den Einrichtungen des tierischen oder menschlichen Organismus. Hier findet eine fortwährende Strömung der Lebenssäfte von der Peripherie nach dem Zentrum und umgekehrt von dem Zentrum nach der Peripherie statt. Je lebhafter und ungehinderter diese Strömung vor sich geht, um so besser ist der Stand der Gesundheit und des Wohlseins, während Stockungen dieses Säfteaustausches an einzelnen Stellen des Körpers Krankheit und Verderben herbeiführen.

Ebenso verhält es sich im Staat und in der menschlichen Gesellschaft, welche sich um so wohler befindet, je lebhafter der Austausch und Ausgleich zwischen Privat- und Gesamtleistung ist. Die grossen Privatvermögen gleichen den Eiterbeulen oder Blutstockungen, welche, indem sie sich an einzelnen Stellen festsetzen, den beschriebenen Austausch stören und verderblich auf den Gesamt-Organismus zurückwirken. Durch die Wirkung meiner Vorschläge wird eine solche Störung ferner nicht mehr möglich sein. Denn sie bewirken ein fortwährendes Zurückströmen des Privatbesitzes in den

Besitz der Gesamtheit und von da wieder eine Verteilung nach der Peripherie oder unter die Einzelnen. Die grosse Staatskasse muss gewissermassen das Herz des staatlichen Organismus bilden, welches einerseits seinen befruchtenden und ernährenden Inhalt durch zahllose Kanäle in die Organe und Gewebe des staatlichen Körpers treibt und denselben andrerseits aus ebensovielen Kanälen und Adern wieder an sich saugt. Ohne das verhasste kommunistische „Teilen" wird gewissermassen in jedem einzelnen Augenblick „geteilt" und ein Zustand hergestellt, in welchem das schöne, bereits öfter zitierte Wort „einer für alle und alle für einen" zur Wahrheit wird.

„Der Heimfall aller Güter an den Staat nach dem Tode ihrer Erwerber", sagt M. Nordau (a. a. O.) „schafft ein nahezu unerschöpfliches gemeinsames Vermögen, ohne den individuellen Besitz aufzuheben. Jedes Individuum hat dann ein Eigen- und ein Gesamt-Vermögen, wie es einen Tauf- und einen Familien-Namen hat.... Indem das Individuum für sich arbeitet, arbeitet es zugleich für die Gesamtheit, welcher eines Tages der ganze Überschuss seines Erwerbs über den Verbrauch zu gute kommen wird. Das Gesamtvermögen bildet das ungeheure Sammelbecken, welches aus dem Überfluss der einen dem Mangel der andern abhilft und nach jedem Menschenalter die immer wieder entstehenden Ungleichheiten in der Güterverteilung ausgleicht, welche Ungleichheiten die Vererbung im Gegenteil fixiert und mit jeder Generation schroffer macht."

Ganz verschieden von diesem, auf friedlichem Wege durchzuführenden Programm der Sozialreform ist dasjenige der Sozialdemokratie, welche, wenigstens in

Deutschland, zur Zeit an der Spitze der ganzen sozialistischen Bewegung steht und die offen ausgesprochene Hoffnung nährt, Staat und Gesellschaft mit der Zeit in ihrem Sinne umwandeln zu können. Diese Hoffnung ist eine trügerische und wird es auch wohl bleiben. Der Hauptvorwurf, den man der Sozialdemokratie machen kann und machen muss, ist der, dass sie den Begriff der Sozialreform und der sozialen Frage überhaupt viel zu enge fasst. Denn sie macht aus der grossen Gesellschaftsfrage, welche die ganze Menschheit zu umfassen hat, eine eng begrenzte Arbeiterfrage, welche obendrein, wenn man die Sache bei Licht betrachtet, nur eine bestimmte Klasse von Arbeitern umfasst. Die allgemeinen Menschheitsrechte und Menschheitsinteressen schliessen selbstverständlich auch die Rechte und Interessen der Arbeiter ein, während nicht das Umgekehrte der Fall ist und die Rechte und Interessen der Arbeiter (im engeren Sinne) nicht die allgemeinen Menschheitsrechte einschliessen. Auch die Hoffnung der Sozialdemokraten, dass sie, zunächst und aus praktischen Gründen von den Interessen und Rechten der handarbeitenden Klassen ausgehend und auf dieselben gestützt, mit der Zeit dahin kommen werden, auch die allgemeinen Menschheits-Interessen in Angriff zu nehmen oder die grosse soziale Frage zu lösen, dürfte, wie noch näher gezeigt werden wird, eine sehr illusorische sein.

Der eigentliche Vater der heutigen Sozialdemokratie ist Ferdinand Lassalle, welcher durch sein Auftreten im Beginn der sechziger Jahre die damals fast überall sich bildenden Arbeiterbildungsvereine und die nach Schulze-Delitzsch'schem Muster errichteten Konsum-, Rohstoff- und Vorschuss-Vereine mit einem Schlage zu Fall und durch seine Versprechungen künftiger Seligkeiten die Masse der Arbeiter auf seine Seite brachte. Auch wird er neben Karl Marx, welcher als der geistige Vater der ganzen Bewegung anzusehen ist, immer noch von der Masse der Sozialdemokraten als eine Art Apostel oder Heiliger verehrt, obgleich seine Theorien längst als falsch erkannt und selbst von der heutigen Schule der Sozialdemokratie mehr oder weniger verlassen sind. Insbesondere hat sich seine grosse Hoffnung auf das allgemeine Stimmrecht, vermittelst dessen, wenn einmal eingeführt, er alle seine Pläne zu erreichen hoffte, als durchaus illusorisch erwiesen. Wir sind in Deutschland bereits seit über zwanzig Jahren im Besitze des allgemeinen Stimmrechts oder des allgemeinen, gleichen, direkten und geheimen Wahlrechts für die Wahlen zur obersten Vertretung des deutschen Volkes oder des Reichstags. Und was ist während dieser langen Zeit mit Hilfe einer bis dahin unerhörten Agitation von den sozialdemokratischen Führern erreicht worden? Dass ein verhältnismässig kleines Häuflein ihrer Anhänger, welches allerdings durch Rührigkeit und Talent die schwache Zahl einigermassen wett macht, Sitz und Stimme im deutschen Reichstag erlangt hat, während sich z. B. der Einfluss der katholischen Wahlleitung mehr als dreimal so stark erwiesen hat. Allerdings hat sich die sozialdemokratische Partei neuerdings mit aller Macht auf den Versuch geworfen, ihre Agitation auf das Land zu übertragen und die grosse Masse der ländlichen Bevölkerung, welche ja bei allgemeinen Wahlen in der Regel den Ausschlag giebt, für sich zu gewinnen. Aber man kann fast mit Bestimmtheit voraussagen, dass dieser Versuch bei dem überwiegend konservativen Sinn der Landbevölkerung und deren politischer Apathie scheitern wird. Sollte dieses aber nicht der Fall sein und sollte der von den Sozialdemokraten gehoffte Erfolg wirklich früher oder später eintreten oder auch nur in Aussicht stehen, so würden die besitzenden und im Besitze der Gewalt befindlichen Klassen der Gesellschaft längst dafür gesorgt haben, dass eine solche Umänderung oder Einschränkung des allgemeinen Wahlrechts, die ein derartiges Resultat unmöglich machen würde, eingetreten wäre. Es ist ein sehr naiver Glaube der Sozialdemokraten, dass sich die herrschenden Klassen der Gesellschaft an der Hand des allgemeinen Stimmrechts einfach den Hals würden zudrehen lassen; denn niemand lässt sich gutwillig abschlachten. Daher die Durchführung des sozialdemokratischen Programms schliesslich nur durch Gewalt möglich sein würde. Aber selbst in diesem Falle würde eine solche Herrschaft unmöglich von langer Dauer sein, da eine Beherrschung der Bildung durch die Unbildung ein Unding und nur zeitweise möglich ist. Schon der griechische Philosoph Xenophanes hat den beherzigenswerten Ausspruch gethan: „Besser als die Stärke von Männern und Rossen ist die Einsicht."

Dazu kommt, dass eine Organisation der gesamten Arbeit von Staatswegen, wie sie die Sozialdemokratie anstrebt, eine reine Utopie ist und immer eine solche bleiben wird. Die menschliche Arbeit in ihrer Gesamtheit ist ein viel zu kompliziertes und mannigfaltiges, durch das Verhältnis von Angebot und Nachfrage beherrschtes Räderwerk, als dass sich dasselbe auf büreaukratische Weise beherrschen oder regeln liesse. Wollte man eine solche Beherrschung dennoch durchführen, so würde und müsste daraus eine unerträgliche Büreaukratie und Tyrannei und eine Beschränkung der persönlichen Freiheit resultieren, welche zehnmal schlimmer wäre, als die gegenwärtige Beschränkung durch den monarchisch-büreaukratischen Staat. Der grosse amerikanische Bodenbesitz-Reformator Henry George, dem gewiss niemand eine tiefe Einsicht in nationalökonomische Verhältnisse abstreiten wird, nimmt keinen Anstand, eine solche Organisation der Arbeit von oben herab geradezu als „egyptische Despotie" zu bezeichnen. In gleicher Weise nennt der entschiedene Sozialist Th. Hertzka*) die „Tyrannei einer solchen Arbeitsordnung unerträglich" und Freiheit und Gerechtigkeit unvereinbar mit dem „unerhörtesten Zwange, der jemals geübt worden ist." Dazu wäre die in solcher Weise geübte soziale Gerechtigkeit der „Tod alles Fortschritts und aller Zivilisation. In einer Gesellschaft, in der alles arbeiten muss, um nur auskömmlich satt zu werden, könnte es keine Wissenschaften, keine Künste, keine Freiheit und kein Glück geben."

Wer kennt nicht Eugen Richters sozialdemokratische Zukunftsbilder? Es mag darin manches verzeichnet oder falsch aufgefasst oder übertrieben sein; aber im grossen und ganzen ist doch der unerträgliche Zustand, der die Folge einer solchen büreaukratischen Beherrschung der Arbeit sein müsste, richtig und wirkungsvoll gekennzeichnet. Die Sozialdemokraten werden zwar das alles nicht Wort haben wollen; aber solange sie sich nicht deutlicher als bisher über die Art und Weise erklären, wie sie sich ihren Zukunftsstaat

*) Sozialdemokratie und Sozialliberalismus Dresden und Leipzig 1891.

vorstellen, müssen sie sich derartige Imputationen schon gefallen lassen.

Eine ebensolche Unmöglichkeit, wie die Organisation der gesamten Arbeit, ist die Erzielung des vollen Arbeitsertrages für den einzelnen Lohn-Arbeiter, wie sie die Sozialdemokratie verlangt. Es ist dies eine geradezu unbegreifliche Forderung. Wo bliebe unter solchen Umständen die Belohnung der (geistigen oder körperlichen) Arbeit des Unternehmers, des Fabrikherrn, des Geschäftsgründers? Wo das Risiko? Wo die Geschäftskrisen? Wo die Verzinsung des Kapitals? Wo die Belohnung jenes erfinderischen oder organisatorischen Genies, welches unter Umständen die alleinige Seele des ganzen Geschäfts ist? Soll z. B. der Auslaufer oder „Druckerteufel" einer Zeitung oder eines litterarischen Unternehmens, welches der Thätigkeit eines talentierten Schriftstellers und eines unternehmenden Verlegers seine Entstehung und seine Prosperität verdankt, gleichen Anteil an dem Ertrag des Geschäftes haben, wie der Gründer und Leiter desselben? Soll der taglöhnende Maurer, welcher bei dem Bau eines Hauses keine andre Aufgabe hat, als einen Stein auf den andern zu setzen, denselben Anteil an dem Ertrag des fertigen Hauses haben, wie der Baumeister und Kapitalist, welcher die dazu nötigen Mittel geliefert hat? Wer würde im Angesicht einer solchen Nötigung überhaupt noch Geschäfte machen oder Fabriken gründen wollen, bei denen er der Hilfe von Lohnarbeitern bedarf? Und welcher Kapitalist würde so einfältig sein, sein Geld für solche Unternehmungen herzuleihen, bei denen er nicht mehr verdient, als der einzelne Lohnarbeiter? Alle von Seiten der Sozialdemokratie auf die kapitalistische Produktionsweise und auf das sog. Lohnsystem gehäuften Vorwürfe passen in der Regel nur auf ganz grosse industrielle Unternehmungen und auf solche Geschäfte, bei denen es sich nur um arbeitende Hände und um Kapital handelt, während überall dort, wo ein Geschäft oder eine Fabrik durch die schöpferische Thätigkeit eines Einzelnen besteht, der Mehrgewinn oder die fälschlicherweise sog. „Kapitalprämie" des Unternehmers oder Organisators sehr wohl verdient ist.

„Der schier unbegreifliche Irrtum aller bisherigen sozialen Schulen", sagt Hertzka (a. a. O.), „liegt darin, dass sie, um das Anrecht des Arbeitenden auf den vollen Ertrag zu verteidigen, den Nachweis liefern zu müssen glaubten, dass Arbeit allein produktiv sei, Unternehmerschaft, Boden und Kapital aber nicht. Dies könnte nur dadurch geändert werden, dass der Arbeitende sein eigener Unternehmer, Grundbesitzer und Kapitalist wird u. s. w."

Allerdings wollen die Sozialdemokraten für den einzelnen Unternehmer den Staat, welcher alle Produktionsmittel liefern soll, substituieren. Aber sie vergessen, dass der Staat dabei ganz denselben Nachteilen unterliegt oder dieselben Gefahren läuft, wie der Privat-Unternehmer. Der Staat ist ja kein Zauberer, welcher nur die Wünschelrute zu bewegen braucht, um Schätze aus den Tiefen der Erde hervorzuzaubern, oder der das christliche Wunder mit den Broten und Fischen wiederholen könnte, sondern er ist nur die Gemeinschaft aller Bürger; und was er dem einen giebt, muss er aus der Tasche des andern nehmen. Nur ein Staat, welcher durch Bodenrente und Erbschaftsbeschränkung ungewöhnlich grosse Geldmittel in die Hand bekäme, könnte möglicherweise so weitgehenden Anforderungen gerecht werden. Dazu kommt, dass der volle Arbeitsertrag, wie ihn die Sozialdemokraten verlangen, nicht einmal als ein besonders grosses Glück für den einzelnen Lohnarbeiter angesehen werden könnte. Wenn eine Fabrik, welche einige hundert Menschen beschäftigt, ihrem Besitzer oder Gründer einen noch so grossen Reingewinn abwirft, so würde dieser Reingewinn, welcher allerdings in der Hand des Einzelnen sehr gross erscheint, wenn er gleichmässig unter alle Arbeiter verteilt würde, die Glücksumstände des einzelnen Arbeiters nur sehr wenig zu verbessern im Stande sein.

Die Sozialdemokraten wissen so vieles und manches von den nachteiligen Wirkungen des Klassenstaates und der Klassenherrschaft zu berichten; aber sie selbst streben eine Klassenherrschaft weitgehendster Art an, indem sie den industriellen und Fabrikarbeiter zu einer bevorzugten Gesellschaftsklasse erheben, der alle Kräfte des Staates mehr oder weniger dienstbar gemacht werden sollen — wobei sie überdies ganz vergessen, dass ihre Vorschläge immer nur einem verhältnismässig kleineren Teil der arbeitenden Bevölkerung zugute kommen, und dass ein sehr grosser Teil übrig bleibt, welchem durch Beschaffung der sog. Produktionsmittel von Staatswegen überhaupt nicht zu helfen ist, da sie solcher Produktionsmittel gar nicht bedürfen. Man denke z. B. nur an die sehr grosse Klasse der Dienstboten und an so viele andre Zweige menschlicher Thätigkeit, welche sich in jene Schablone nicht einfügen lassen! Überdies passt jene Schablone, wie bereits gesagt, nur für solche Fabrikationszweige, welche bereits fix und fertig dastehen und nichts weiter als Kapital und arbeitender Hände bedürfen, während ihre Anwendung bei neuen oder in der Entwicklung begriffenen Fabrikationszweigen mindestens ihre grossen Gefahren oder Unzuträglichkeiten haben müsste.

Wie mit dem Wort „Arbeiter", so wird auch mit dem Wort „Proletarier" von der Sozialdemokratie schreiender Missbrauch getrieben. „Ist es nicht wahrhaft tragikomisch", fragt Backhaus (a. a. O.) „das Proletariat zur herrschenden Klasse machen zu wollen? Zu einer Klasse, obgleich das Klassenwesen die Sozialisten und Kommunisten mit grimmigem Hass erfüllt? Und nun gar zur herrschenden Klasse, obgleich sie die Herrschaft keiner Klasse dulden wollen? Ist es nicht ein unlösbarer Widerspruch, die höchste politische Macht im Proletariat konzentrieren und alle Produktionsinstrumente in seinen Händen vereinigen zu wollen? Als ob die vielen andern Elemente der bürgerlichen Gesellschaft, welche nicht zum Proletariat, auch nicht zum Proletariat als herrschender Klasse gehören, einfach nicht da wären oder, wenn als daseiend betrachtet, als willenlos, gefühllos, kopflos, als lebendig tot angesehen werden könnten .... Jedenfalls könnte das Proletariat als solches diese ihm zugedachte Rolle nicht durchführen, ohne seiner Eigenschaft als Proletariat verlustig zu gehen. Denn es könnte doch nur der Ausdruck des Lächerlichen in seiner höchsten Potenz sein, die Beherrscher der Gesellschaft als ‚Proletariat' zu bezeichnen, d. h. als die arme, kümmerlich von der Hand in den Mund lebende Arbeiterbevölkerung, welche dem Staate nicht mit Geld, sondern nur mit ihren Kindern dienen kann u. s. w."

Nein — der wahre Sozialismus will im Gegensatz zu diesem falschen Sozialismus keine Herrschaft einzelner Gesellschaftsklassen oder keine Bevorzugung einzelner Berufskreise, sondern eine Befreiung der ganzen Gesellschaft (mit

Einschluss auch der geistigen Arbeiter, welche oft noch weit schlimmer daran sind, wie die körperlichen Arbeiter) durch eine grössere Ausgleichung des Besitzes und der Mittel, mit denen jeder Einzelne seinen Kampf um das Dasein kämpfen muss. Im Grunde sind wir ja alle Arbeiter oder sollten es wenigstens sein, mit Ausnahme der verhältnismässig wenigen, welche von dem aufgespeicherten Fett ihrer Vorfahren leben. Wer nicht arbeitet, soll oder sollte auch nicht essen. Aber dabei soll der einzelne keine Arbeitsmaschine sein, wie im sozialdemokratischen Staat, sondern seine volle persönliche Freiheit und Selbständigkeit geniessen. Denn nur dadurch, dass an die Seite der politischen Freiheit auch die wirtschaftliche Befreiung gesetzt wird, kann die Lösung des sozialen Problems gefunden werden. „Sozialdemokratie dagegen bedeutet, wie schon der Name besagt, bloss eine Änderung der Person des auf sozialem Gebiete Herrschenden; statt der vielen kleinen Herren soll es einen einzigen geben, das ganze Volk. Gewiss, dieser alleinige Herrscher würde den kleinen Tyrannen gegenüber den gewaltigen Vorzug haben, dass er sich das Wohl aller zum Zwecke setzte, während diese nur auf ihr eigenes Wohl bedacht sind. Aber die Freiheit ist selbst dem wohlwollendsten Herrscher vorzuziehen u. s. w." (Hertzka.)

Wenn man alles das bedenkt, so muss man unwillkürlich auf die Vermutung kommen, dass die ganze sozialdemokratische Bewegung von den Führern mehr als Mittel zum Zweck, denn als wirkliche Zukunftspolitik betrachtet wird. Dieselben sind viel zu gescheit oder einsichtig, um nicht den riesigen Unterschied zwischen friedlicher Sozialreform und gewaltsamer Sozialdemokratie zu begreifen. Aber sie sind einmal auf dem von Marx-Lassalle angebahnten Wege zu weit vorwärts gegangen, um zurück zu können, und betrachten die von ihnen beherrschten oder geleiteten Arbeitermassen gewissermassen als Handhabe für eine spätere Verwirklichung ihrer Zukunftspläne. In Bezug auf diese im Dunkel der Verborgenheit schwebenden Zukunftspläne hapert es denn freilich sehr gewaltig. Man hat schon sehr häufig an die Führer der deutschen Sozialdemokratie das Verlangen gestellt, dass sie sich des Näheren über die Art und Weise auslassen möchten, in welcher sie sich die Gestaltung ihres sozialdemokratischen Zukunftsstaates vorstellten. Gewiss ist ein solches Verlangen sehr berechtigt, denn niemand wird so thöricht sein, sich ohne den dringendsten Anlass in eine ungewisse Zukunft zu stürzen, wenn er nicht weiss, dass ihm diese Zukunft Besseres bringen wird als die Gegenwart. Wer die heutige Gesellschaftsordnung von Grund aus umgestalten will, hat doch vor allem andern die Verpflichtung, sich ein genaueres Bild von derjenigen Ordnung zu machen, welche an die Stelle jener gesetzt werden soll. Mit allgemeinen Versprechungen ist da nicht geholfen. Wenn die Arbeitermassen dennoch diesen allgemeinen Versprechungen vertrauen und denen folgen, welche sie ihnen machen, so erklärt sich dieses mit Leichtigkeit daraus, dass sie von dem an sich sehr berechtigten Gefühl der Unzulänglichkeit ihrer Lebenslage durchdrungen und bereit sind, jedem zu folgen, der ihnen Besserung dieser Lage verspricht, ohne sich viel Kopfzerbrechens über die Art und Weise dieser Besserung und die Möglichkeit oder Unmöglichkeit ihrer Ausführung zu machen. Da sie nicht viel zu verlieren haben, so ist ihnen jede Änderung willkommen, bei welcher möglicherweise ein Gewinn in Aussicht steht. Anders ist es dort, wo die Aufgabe einer ernsten Prüfung solcher Zukunftspläne gebieterisch an den Denker und Menschenfreund herantritt. Aber welche Antwort erhält derselbe auf seine Frage nach der sozialdemokratischen Zukunft? Dass man diese Zukunft nicht voraussehen und heute noch nicht sagen könne, wie sich die Dinge später gestalten würden. Zunächst käme es nur darauf an, den alten Klassenstaat einzureissen, das übrige werde sich dann schon von selbst machen. Man könne die Entwicklung der gesellschaftlichen Dinge in der Zukunft ebensowenig voraussagen, wie man die Entwicklung der Geschichte voraussagen könne; noch weniger könne man ihr jetzt schon Gesetze vorschreiben; eines werde sich schon ganz von selbst aus dem andern entwickeln.

Eine solche Antwort ist freilich sehr bequem, aber in keiner Weise genügend, und kein verständiger oder aufrichtiger Sozialist kann sich damit zufrieden geben. Man schüttet ein trübes Glas Wasser nicht aus, bevor man ein reines vor sich stehen hat, und jedenfalls ist der jetzige Zustand mit allen seinen Mängeln besser, als die Aussicht auf ein dunkles, sozialdemokratisches Chaos, von dem niemand sagen kann, ob sich daraus Gutes oder Schlechtes für die Menschheit entwickeln wird.

Unter solchen Umständen bleibt behufs Beurteilung des sozialdemokratischen Programms nichts übrig, als sich an dasjenige zu halten, was darüber offiziell bekannt geworden ist. Eine solche Veröffentlichung liegt vor in dem auf dem sozialdemokratischen Parteitag in Erfurt (14.—21. Oktober 1891) beratenen und beschlossenen Programm der Partei. Wenn man nun dieses Programm unbefangen prüft, so findet man sehr bald Grund zu erstaunen teils über die verhältnismässige Bescheidenheit der darin aufgestellten Forderungen, teils über das Nichtssagende, Überflüssige oder sich selbst Widersprechende einzelner derselben. Auch ist das Programm im Grunde noch ganz nach Marx-Lassalleschen Grundsätzen gemodelt, obgleich man diese Grundsätze längst als nicht mehr haltbar oder bestimmend erklärt hat. Was dabei zunächst die in der Einleitung verlangte „Verwandlung des kapitalistischen Privateigentums an Produktionsmitteln (Grund und Boden, Gruben und Bergwerke, Rohstoffe, Werkzeuge, Maschinen, Verkehrsmittel) in gesellschaftliches Eigentum und die Umwandlung der Warenproduktion in sozialistische, für und durch die Gesellschaft betriebene Produktion" betrifft, so kann eine solche allgemein hingestellte Forderung ohne näheres Eingehen in die Einzelheiten einer so durchgreifenden Massregel kaum mehr als den Wert einer Phrase beanspruchen, — abgesehen davon, dass die darin liegende Organisation der gesamten Arbeit von Staatswegen, wie bereits nachgewiesen wurde, als eine Utopie oder Unmöglichkeit betrachtet werden muss.

Gehen wir zu den einzelnen Programmpunkten über, so sind dieselben eigentlich weit mehr politischer, als sozialistischer Natur und übereinstimmend mit den Forderungen der politischen Demokratie. An erster Stelle figuriert die schon von Lassalle so scharf betonte Forderung des allgemeinen Stimm- oder Wahlrechts — eine Forderung, welche ja an solcher Stelle deswegen als überflüssig erscheint, weil sie einmal zum Teil bereits erreicht ist, und weil sie zweitens mit einer der bekanntesten und am wenigsten bestrittenen Forderungen der politischen Demokratie zusammenfällt. Auch muss hier nochmals an die bereits hervorgehobene Unzuverlässigkeit dieses Rechtes, sowie daran erinnert werden, dass dasselbe ein zweischneidiges Schwert ist, welches bei seiner unbehinderten Anwendung ebensowohl g e ge n als f ü r die Sozialdemokratie entscheiden könnte. So lange die jetzige politische, soziale und religiöse Abhängigkeit der Wählermassen besteht, kann das allgemeine Stimmrecht nicht einmal als der wirkliche Ausdruck des Volkswillens betrachtet werden, ganz abgesehen davon, dass dieser allgemeine Volkswille durchaus nicht immer das Richtige trifft, sondern sich mitunter in den grössten Gegensätzen bewegt. Braucht man doch zum schlagenden Beweise dessen nur an das bekannte Plebiszit des dritten Napoleon zu erinnern, welcher nichtsdestoweniger wenige Jahre später, nachdem er den allgemeinen Hass der Nation auf sich geladen hatte, mit Schimpf und Schande davon gejagt wurde. Oder an die Proklamierung der Volkssouveränität in Frankreich im Jahre 1789, welche während eines ganzen Jahrhunderts nur forwährend auf- und abwogende politische Kämpfe zwischen den verschiedensten Meinungen und Regierungsformen ohne positives Resultat zur Folge gehabt hat! Wenn der Arbeiter nach der Weisung seines Arbeitgebers, der Beamte nach derjenigen seiner Regierung, der katholische Wähler blindlings nach dem Kommando seiner Priester oder Kapläne stimmt, oder wenn der Bauer demjenigen zujubelt, der ihn durch Anwendung oratorischer oder materieller Mittel für sich zu gewinnen versteht, wenn endlich das Interesse des Volkes oder der Wähler selbst an der Wahl ein so geringes ist, dass es nur durch künstliche Aufstachelung erregt werden kann, so wird man zugestehen müssen, dass das Resultat einer solchen

Wahl oft sehr wenig nach Vernunft und Gerechtigkeit schmecken wird. Die grosse Masse mit ihrer Unbildung oder Unwissenheit, ihrer Denkfaulheit, ihrer Unselbständigkeit und materiellen Abhängigkeit, ihrer Unterwürfigkeit unter Herkommen und Gewohnheit oder mit ihrer ganzen grobmaterialistischen Weise, zu denken und zu fühlen, ist das grosse Hemmnis an der Uhr der Menschheitsentwicklung, welche diese Entwicklung zurückhält und oft die riesigsten Anstrengungen einer aufgeklärten und für das Wohl der Menschheit begeisterten Minderheit mehr oder weniger vereitelt.

Das unbegrenzte Vertrauen der Sozialdemokratie in das allgemeine Stimmrecht für Verwirklichung ihrer Zukunftspläne dürfte daher zum mindesten als sehr zweifelhaft bezeichnet werden. Wäre dieses aber auch nicht der Fall, und sollte es gelingen, die Arbeitermassen so unter den Ruf ihrer Führer zu zwingen, dass diese auf dem Wege des allgemeinen Stimmrechts die politische Macht in ihre Hände zu bekommen Aussicht hätten, so würde man, wie bereits bemerkt, seitens der herrschenden Klassen längst einer solchen Eventualität durch geeignete Massregeln vorgebeugt oder aber sich auf einen ernsten Konflikt vorbereitet haben. Also bliebe auch hier wieder nur der Weg gewaltsamer Einwirkung oder der Revolution, deren Ausgang mindestens sehr zweifelhaft sein und welche vielleicht oder wahrscheinlich das Gegenteil des von der Sozialdemokratie Gewollten zur Folge haben würde.

Die zweite der aufgestellten Forderungen verlangt direkte Gesetzgebung durch das Volk, wobei es aber gänzlich unklar gelassen wird, wie man sich eine solche Einrichtung des näheren vorstellt. Vielleicht hat man an die Schweiz gedacht, wo die Annahme oder Verwerfung wichtiger Gesetzesentwürfe durch direkte Volksabstimmung entschieden wird. Was aber in der kleinen Schweiz möglich ist, ist es nicht in grossen Staaten, wo eine solche Volksabstimmung die grössten Unzuträglichkeiten haben müsste. Auch darf man nicht vergessen, dass diese Abstimmungen infolge der Dummheit und Unbildung der grossen Massen oft in sehr reaktionärem Sinne ausfallen und die wohlthätigsten Reformen vereiteln. In streng katholischen Ländern oder Gegenden wären davon die schwersten Gefahren für Geistes- und Gewissensfreiheit, welche hohen Güter doch auf der Fahne der Sozialdemokratie stehen, sicher zu erwarten. Der dritte Punkt verlangt Volkswehr an Stelle der stehenden Heere. So berechtigt eine solche Forderung an und für sich ist, so thöricht ist sie doch unter der Konstellation der augenblicklichen politischen Verhältnisse. Für das zwischen zwei grossen, zum Angriff bereiten Militärmächten eingekeilte Deutschland würde die Erfüllung einer solchen Forderung der reine politische Selbstmord sein, abgesehen davon, dass die Vornahme einer so tiefgreifenden Umänderung uns für kürzere oder längere Zeit in einen Zustand militärischer Schwäche oder Unfähigkeit versetzen müsste, der uns zur willkommenen Beute unsrer raubgierigen Nachbarn machen würde.

Was die diesem Programmpunkt angehängte Forderung der Schlichtung aller internationalen Streitigkeiten auf schiedsgerichtlichem Wege betrifft, so ist diese Forderung diejenige aller aufrichtigen Friedensfreunde, aber für die Gegenwart leider wie so viele andre sozialdemokratische Wünsche „verlorene Liebesmüh."

Der vierte Punkt verlangt mit Recht die Beseitigung aller polizeilichen Einschränkungen der **freien Meinungsäusserung** und des **Versammlungsrechtes**. In einem freien oder Volksstaat dürfte sich das so sehr von selbst verstehen, dass dessen Erwähnung in dem Programm als ganz überflüssig erscheint. Der fünfte Punkt verlangt **politische und soziale Gleichstellung der Frau mit dem Manne**, — eine Forderung, mit welcher auch nicht-sozialdemokratische Gelehrte und Schriftsteller vielfach übereinstimmen, welche also nicht als charakteristisch für das sozialdemokratische Programm angesehen werden kann.

Dasselbe gilt von dem sechsten Punkt, welcher die so oft von allen vorgeschrittenen politischen Parteien verlangte und in Amerika längst durchgeführte **Trennung des Staates von der Kirche** verlangt.

Nicht minder aber auch von dem siebenten Punkt, welcher Weltlichkeit der Schule und den bereits vielfach eingeführten obligatorischen, unentgeltlichen **Volksunterricht** fordert.

Der achte Punkt verlangt abermals Dinge, die längst als Forderungen liberaler Gesetzgebung anerkannt sind, wie Unentgeltlichkeit der **Rechtspflege**, Berufungsrecht, Entschädigung unschuldig Verurteilter, Abschaffung der Todesstrafe. Dabei findet sich aber auch die Forderung der **Rechtsprechung durch vom Volk gwählte Richter**. Das Beispiel Amerikas, wo diese Einrichtung Korruption und Bestechlichkeit grossgezogen hat, hätte die Verfasser des Programms von der Einfügung dieses Punktes abhalten sollen.

Die **Unentgeltlichkeit des ärztlichen Beistandes** (mit Einschluss der Totenbestattung), welche der neunte Punkt verlangt, mag ihre Vorteile haben, hat aber andrerseits auch ihre grossen Nachteile. Übrigens ist durch Einrichtung des Krankenkassenwesens dieser Forderung wenigstens bis zu einem gewissen Grade bereits Genüge gethan. Der zehnte Punkt bezieht sich auf die wichtige Frage der Besteuerung, über deren Einzelheiten bekanntlich die auseinandergehendsten Meinungen bestehen. Im allgemeinen decken sich die sozialdemokratischen Forderungen in diesem Punkt so ziemlich mit denjenigen aller Fortschrittsfreunde.

An diese zehn Punkte schliesst sich eine Reihe von Forderungen an, welche speziell „zum Schutze der Arbeiterklasse" aufgestellt sind. Dabei muss denn vor allem wieder der Ausdruck „Arbeiterklasse" Wunder nehmen, da doch, wie bereits bemerkt, der erbittertste Kampf der Sozialdemokratie gegen alle Klassengegensätze und gegen den sogenannten „Klassenstaat" gerichtet ist. Wie lässt sich damit die Aufstellung einer besondern, von der übrigen Gesellschaft abgesonderten „Arbeiterklasse" vereinigen, unter welcher, wenn man der Sache auf den Grund geht, doch nur die besitzlosen Handarbeiter verstanden sein können? Warum sollen diese Handarbeiter eine besondre Klasse bilden? In einem richtig organisierten Staate sind alle Arbeiter oder sollen es sein, einerlei ob sie mit Hand oder Fuss oder Kopf oder sonst irgendwie arbeiten; daher ein Gegensatz oder Unterschied zwischen „Arbeitern" im sozialdemokratischen Sinne und den übrigen Staatsangehörigen gar nicht mehr gemacht werden kann. Dennoch verlangt das sozialdemokratische Programm für seine „Arbeiter" einen besonderen „Schutz des Staates" und zwar in folgenden Punkten:

An erster Stelle steht die bekannte Forderung des Normalarbeitstages von acht Stunden — eine Forderung, welche bekanntlich nur auf internationalem Wege mit Erfolg durchgeführt werden könnte und daher, so lange eine solche Durchführung nicht in Aussicht steht, als utopistisch bezeichnet werden muss. Dazu kommt, dass die Mehrzahl der Arbeiter selbst von einer solchen Bestimmung nichts wissen will, da sie darin eine schwere Beschränkung der persönlichen Freiheit und eine Beeinträchtigung ihres Verdienstes erblicken. In klaffendem Widerspruch mit dieser Forderung steht übrigens die durch die Zeitungen bekannt gewordene Thatsache, dass in den sozialdemokratischen Partei-Druckereien in Berlin und Frankfurt a. M. ein neun- bis zehnstündiger Arbeitstag besteht. — Nähere Bestimmungen beziehen sich auf Verbote der Kinder- und (unnötigen) Nachtarbeit, auf eine bestimmte Ruhepause und Verbot des Drucksystems, welchen Forderungen man umsomehr zustimmen kann, als es zur Durchführung derselben keines sozialdemokratischen Staates bedarf.

Die an zweiter Stelle aufgeführten Forderungen beziehen sich teils auf staatliche Überwachung der gewerblichen Betriebe und gewerblichen Hygieine, teils auf Errichtung einer Art von Arbeitsministerium. Der ersten Forderung ist bereits durch Anstellung staatlicher Fabrikinspektoren in den meisten Kulturländern mehr oder weniger Genüge geschehen, während sogenannte Arbeitsministerien unsres Wissens bis jetzt nur in Frankreich eingeführt, in andern Ländern durch Gewerbs- und landwirtschaftliche Behörden ersetzt sind.

Der dritte Punkt verlangt rechtliche Gleichstellung der landwirtschaftlichen Arbeiter und der Dienstboten mit den gewerblichen Arbeitern. Da in einem Rechtsstaat alle Staatsbürger ohne Ausnahme gleiche Rechte geniessen, so bleibt dieser Punkt ohne nähere Erläuterung unklar.

Der fünfte und letzte Punkt, welcher Übernahme der gesamten Arbeiterversicherung durch den Staat verlangt, trifft mehr oder weniger mit der dritten unsrer eigenen sozialreformatorischen Forderungen zusammen und bleibt nur bezüglich der von uns verlangten obligatorischen Versicherung für alle Staatsbürger ohne Ausnahme weit hinter derselben zurück.

Was dagegen die noch weiter angefügte Forderung der „massgebenden Mitwirkung der Arbeiter an der Verwaltung" betrifft, so hat sich der Verfasser des Programms wohl nicht ganz klar gemacht, was er damit sagen will. „Verwalten" ist etwas ganz anderes und erfordert ganz andre Fähigkeiten und Kenntnisse, als den Hammer schwingen oder die Nadel führen; und die Herren Arbeiter werden daher notgedrungen gar nicht anders können, als diese Thätigkeit andern, dazu besser befähigten Kräften zu überlassen. Wie wenig die Arbeiter, wenn sie unter sich sind, im Stande sind, ihre eignen Angelegenheiten zu verwalten, hat sich ja bei tausendfältigen Gelegenheiten gezeigt. Uneinigkeit, Neid, Mangel an gegenseitigem Vertrauen oder an Geschäftskenntnis, nicht selten Unehrlichkeit der Führer oder Kassierer, mangelhafte Verwaltung u. s. w. haben ja bekanntlich die grosse Mehrzahl der von Arbeitern gegründeten sogenannten Produktiv-Assoziationen alsbald wieder zu Grunde gehen lassen, während die wenigen, welche sich erhalten konnten, ihren idealen Zweck ganz aus dem Auge verloren, indem die Gründer und Geschäftsteilhaber sehr bald in die Klasse der Bourgeois und kleinen Kapitalisten emporstiegen und die von ihnen beschäftigten Arbeiter nunmehr gerade so als Lohnsklaven behandelten, wie es die verhassten Kapitalisten und Fabrik-Barone thun. Man sieht daran recht deutlich, dass den meisten Menschen das eigene Interesse höher steht, als alles andre, und dass jede Gesellschafts-Ordnung, welche nicht mit diesem Interesse rechnet und dasselbe in Einklang mit den Interessen der Gesamtheit zu bringen weiss, vorerst wenigstens ihr Ziel verfehlt. —

Wirft man nun einen Rückblick auf die hier nach einander aufgeführten Punkte des sozialdemokratischen Partei-Programms, so wird man bei vorurteilsfreier Betrachtung nicht umhin können, einzusehen, dass dieselben mehr oder weniger ohne ernsthaften Hintergrund und in keiner Weise geeignet sind, das sozialdemokratische Eldorado herbeizuführen. Sie sind, wie bereits bemerkt, teils unausführbar, teils mehr oder weniger schon ausgeführt, teils decken sie sich mit längst anerkannten und teilweis bereits ausgeführten Forderungen des bürgerlichen Liberalismus oder der politischen Demokratie. Ihre Aufstellung dürfte mehr einem Bedürfnis der Führer, den von ihnen geführten Massen etwas Positives an die Hand zu geben, als einem in der Sache selbst liegenden Bedürfnis entsprungen sein. Das eigentliche Ziel oder die Umwandlung der gesamten Waren-Produktion in eine von der Gesellschaft betriebene bleibt dabei ebenso unbestimmt und nebelhaft, wie vorher, und deckt sich nicht mit dem weit grösseren und alle Gesellschaftsglieder ohne Ausnahme umfassenden Begriff der „Arbeit" als solcher.

Dagegen ist mein Programm der Sozialreform klar, durchsichtig und ohne Anwendung von Gewalt leicht durchführbar, sobald es gelungen sein wird, die Mehrzahl der Menschen auf friedlichem Wege von der darin liegenden Gerechtigkeit, sowie von seiner Nützlichkeit und Notwendigkeit zu überzeugen. Die Wahl zwischen beiden Wege gesellschaftlicher Befreiung könnte daher, wie mir scheint, nicht schwer sein.

Übrigens will Verfasser von der Sozialdemokratie nicht Abschied nehmen, ohne ihr das Verdienst zuzugestehen, dass sie einerseits durch ihre Agitation eine grosse und wichtige Menschenklasse auf das Missliche und Unbefriedigende ihrer Lebenslage aufmerksam gemacht, und dass sie andrerseits vielfache Anregung zur Besprechung und Inangriffnahme der sozialen Frage überhaupt gegeben hat. Dieses Verdienst wird auch ohne Lösung der sozialen Frage im sozialdemokratischen Sinne für Herbeiführung einer besseren gesellschaftlichen Zukunft seine Früchte tragen.

Sollte sich indessen Verfasser in seiner Beurteilung der sozialdemokratischen Lehren geirrt haben, so erklärt er sich gerne bereit, Belehrung anzunehmen. Ihm gilt es nicht um Beifall, sondern nur um Wahrheit und Besserung. Denn er hält es mit dem Narren in Shakespeares „Was Ihr wollt", der da sagt: „Je mehr Freunde, desto schlimmer, je mehr Feinde, desto besser. Denn durch meine Freunde werde ich hintergangen, während ich durch meine Feinde an Selbsterkenntnis zunehme." Im Hinblick auf diesen Gedanken glaubt derselbe die vorstehende Auseinandersetzung schliessen zu dürfen mit einer Zitation der schönen Worte unsres grossen Liederdichters Rückert:

„Die durch Irrtum zur Wahrheit reisen,
„Das sind die Weisen.
„Die beim Irrtum beharren,
„Das sind die Narren."